谦卑型领导的影响效应研究

RESEARCH ON THE EFFECTS OF HUMBLE LEADERSHIP

王碧英 高日光 著

经济管理出版社
ECONOMY & MANAGEMENT PUBLISHING HOUSE

图书在版编目（CIP）数据

谦卑型领导的影响效应研究/王碧英，高日光著．—北京：经济管理出版社，2019.10

ISBN 978-7-5096-6130-7

Ⅰ．①谦…　Ⅱ．①王…　②高…　Ⅲ．①领导学—研究　Ⅳ．①C933

中国版本图书馆 CIP 数据核字（2019）第 236587 号

组稿编辑：王格格
责任编辑：王格格　杜奕彤
责任印制：黄章平
责任校对：陈　颖

出版发行：经济管理出版社
（北京市海淀区北蜂窝 8 号中雅大厦 A 座 11 层　100038）
网　　址：www. E-mp. com. cn
电　　话：（010）51915602
印　　刷：北京晨旭印刷厂
经　　销：新华书店
开　　本：720mm×1000mm /16
印　　张：13
字　　数：213 千字
版　　次：2020 年 9 月第 1 版　　2020 年 9 月第 1 次印刷
书　　号：ISBN 978-7-5096-6130-7
定　　价：68.00 元

本书研究受江西省普通本科高校中青年教师发展计划访问学者专项资金项目以及江西省 2015 年“百人远航工程”项目资助，同时受国家自然科学基金项目“中国组织情境下谦卑型领导的有效性：一项追踪研究”（71362018）、国家自然科学基金项目“职场地位的多面性及其动态影响机制的追踪研究”（71962015）、国家自然科学基金项目“服务型领导的负面效应：一项多视角的追踪研究”（71762016）、江西省社会科学规划一般项目“谦卑型领导的影响因素及传递效应的多理论视角研究”（17GL04）、教育部人文社会科学研究规划基金项目“大学毕业生入职后职场地位的影响因素及形成机制”（19YJA630072）、江西省自然科学基金一般项目“谦卑型领导对员工创新绩效的影响机制及提升策略”（项目号：20181BAA208046）、江西省高校人文社会科学研究一般项目“公仆型领导的影响因素研究：个体、团队和管理者的联动效应”（项目号：GL161038）资助。

前言 Preface

谦卑型领导是近年来学术界和实践界共同关注的热点主题。由于组织环境具有复杂性、动态性、不确定性和不可预测性，管理者在管理层要解决所有的问题变得越来越难，所以组织越来越需要管理者进行“自下而上”的谦卑型领导。谦卑型领导是“始于底层的领导”，具有管理者承认自己的错误和缺点、欣赏下属的优势和贡献以及塑造可教性等特征。近几年，学术界开展了大量的谦卑型领导研究，一是从团队层面探讨谦卑型领导对团队特征的影响，或谦卑从管理者传递到团队的内在机制和过程；二是从个体层面探讨谦卑型领导对个体态度和行为的影响机制及边界条件。大量研究已经表明，谦卑型领导是一种有效的领导方式。然而，整体来看，以往研究主要以中国组织情境下的个体层面研究为主，更多关注谦卑型领导影响员工态度和行为的中介机制，而对谦卑型领导的本土化内涵和测量、谦卑型领导的跨层影响效应以及团队特征、管理者自身特征与谦卑型领导的交互效应等的探讨还很不够。

本研究主要在文献分析的基础上开展三类研究。首先，在中国组织情境下开展质化研究，试图澄清谦卑型领导的内涵，并通过实证研究方法开发具有较高信度和效度的谦卑型领导测量工具。其次，开展一系列谦卑型领导的跨层影响研究，不仅同时探讨谦卑型领导对员工正面行为和负面行为的影响机制，而且探讨管理者自身特征、团队特征与谦卑型领导的交互效应，还较为系统地探讨谦卑型领导对员工各类态度和行为的影响机制及边界条件。最后，关注谦卑型领导行为从高层到中层、再到团队的传递过程以及中层管理者人格特征在其中的调节作用。本研究不仅为其后的学术研究提供了本土化的测量工具，而且进一步表明，谦卑型领导既能促使员工产生正向的态度和行为，又能防止员工产生负向的态度和行为，并且管理者的胜任力、真诚型领导行为以及团队的传统性、权力距离文化等会促进或抑制谦卑型领导的跨层效应。除此之外，本研究还发现，谦卑型领导的传递效应是自上而下不断辐射的，即高层的谦卑型领导行为会通过影响中层的谦卑型领导行为进而影响团队的谦卑行为，并最终影响团队绩效，中层管理者的自恋特征可能在此过程中抑制谦卑型领导的效应发挥。

谦卑型领导是笔者和笔者的研究团队从2013年开始关注的研究主题，研究过程漫长而艰难，其间因为团队成员的成长而欣慰愉悦，也因为成果发表的诸多不顺而迷失彷徨。尽管学术研究有时候像不接地气的“空中楼阁”，使一张张年轻的面孔历尽沧桑，但也正是一次次充满疑问的探索，使我们离未知的世界越来越近。转眼间，笔者也要到不惑之年，对自身而言，在学术研究中历练远比获得学术成果更让人兴奋。余生，笔者会一直保持一颗谦卑的心，徜徉在科学研究的大海中。

本书的研究内容倾注了笔者及其团队的大量心血，第1章由王碧英、高日光、杜欠欠、彭玉清、黄艳完成，第2章由王碧英、杜欠欠、高日光、李胜兰、彭玉清完成，第3章由王碧英、杜欠欠、高日光、黄艳、刘凯完成，第4章由王碧英、余嘉禾、祝思敏、高日光、刘凯完成，第5章由祝思敏、王碧英、高日光、舒夏俊、李永朋完成，第6章由王碧英、祝思敏、高日光、舒夏俊、李永朋完成，第7章由王碧英、余嘉禾、高日光、刘凯、李永朋完成，感谢各位可爱的团队成员的辛勤付出！同时，本书的完成还要感谢笔者在加拿大韦仕敦大学（Western University）访学期间的合作导师Ann C. Peng的热心指导和帮助，感谢经济管理出版社的责任编辑王格格以及其他工作人员的大力支持和贡献。

本书是笔者受江西省普通本科高校中青年教师发展计划访问学者专项资金项目以及江西省2015年“百人远航工程”项目资助，在国外访学期间的研究成果。同时，本书内容与笔者及笔者的团队成员所主持的国家自然科学基金项目“中国组织情境下谦卑型领导的有效性：一项追踪研究”（71362018）、国家自然科学基金项目“职场地位的多面性及其动态影响机制的追踪研究”（71962015）、国家自然科学基金项目“服务型领导的负面效应：一项多视角的追踪研究”（71762016）、江西省社会科学规划一般项目“谦卑型领导的影响因素及传递效应的多理论视角研究”（17GL04）、教育部人文社会科学研究规划基金项目“大学毕业生入职后职场地位的影响因素及形成机制”（19YJA630072）、江西省自然科学基金一般项目“谦卑型领导对员工创新绩效的影响机制及提升策略”（项目号：20181BAA208046）、江西省高校人文社会科学研究一般项目“公仆型领导的影响因素研究：个体、团队和管理者的联动效应”（项目号：GL161038）的研究内容有很大关联，感谢国家自然科学基金委员会、江西省政府以及江西师范大学对笔者研究的资金支持。

由于笔者和笔者的团队成员研究水平和写作水平有限，书中难免有错误之处或不当之处，恳请各位读者、同行和专家谅解并批评指正。

王碧英

2019 年 10 月 10 日

目录
Contents

1 谦卑型领导的发展历程及研究动态 /1

1.1 谦卑型领导的发展历程 /2
1.1.1 谦卑型领导在西方的研究历程 /2
1.1.2 谦卑型领导在中国的研究历程 /3
1.2 谦卑型领导的特征与测量 /4
1.2.1 谦卑的内涵 /4
1.2.2 谦卑型领导的特征 /5
1.2.3 谦卑型领导的测量 /6
1.3 谦卑型领导与其他领导行为的比较 /7
1.4 谦卑型领导的影响因素 /8
1.4.1 内在因素 /8
1.4.2 外在因素 /9
1.5 谦卑型领导的研究动态 /10
1.5.1 西方组织情境下谦卑型领导的影响效应 /10
1.5.2 中国组织情境下谦卑型领导的影响效应 /13
1.5.3 谦卑型领导影响效应边界条件的研究动态 /19
1.5.4 谦卑型领导的调节作用 /23
1.5.5 谦卑型领导的前因研究动态 /24
1.6 未来展望 /26
1.6.1 谦卑型领导的内涵维度和测量工具的开发研究 /27
1.6.2 谦卑型领导的前因研究 /27
1.6.3 谦卑型领导的中介作用机制研究 /28
1.6.4 谦卑型领导影响效应的边界条件研究 /29
1.6.5 谦卑型领导与其他领导行为的交互作用研究 /30

1.6.6 谦卑型领导的动态研究 /31

2 谦卑型领导的本土化量表开发 /43

2.1 问题提出 /43
2.2 谦卑型领导的质化研究 /44
2.2.1 研究方法 /44
2.2.2 中国组织情境下谦卑型领导的维度内涵 /48
2.2.3 中西方组织情境下谦卑型领导内涵的异同比较 /49
2.2.4 与本土化领导概念的内涵比较 /51
2.2.5 对组织管理的启示 /52
2.3 谦卑型领导的量表开发 /53
2.3.1 研究方法 /53
2.3.2 探索性因素分析的结果 /56
2.3.3 验证性因素分析的结果 /57
2.3.4 量表的预测效度检验 /59
2.3.5 讨论 /63
2.4 研究结论 /64

3 谦卑型领导对角色内绩效、组织公民行为的跨层影响 /68

3.1 问题提出 /68
3.2 研究假设 /69
3.2.1 谦卑型领导与角色内绩效和组织公民行为 /69
3.2.2 谦卑型领导对情感承诺的影响 /71
3.2.3 员工情感承诺的中介作用 /71
3.2.4 主管胜任力的调节作用 /72
3.3 研究方法 /73
3.3.1 研究样本 /73
3.3.2 研究程序 /75
3.3.3 测量工具 /75
3.3.4 统计方法 /76

3.4 研究结果 /77
3.4.1 测量工具的区分效度检验 /77
3.4.2 各个变量的描述性统计分析结果 /77
3.4.3 数据聚合的指标检验 /78
3.4.4 中介作用检验结果 /79
3.4.5 调节作用检验结果 /80
3.5 讨论 /81
3.5.1 研究的理论意义 /81
3.5.2 研究的实践意义 /81
3.5.3 研究不足与展望 /82

4 谦卑型领导对员工正/负向行为的跨层影响机制：团队氛围和团队特征的作用 /86

4.1 问题提出 /86
4.2 理论基础和研究假设 /88
4.2.1 谦卑型领导与创新行为和反生产工作行为 /89
4.2.2 团队心理安全氛围的中介作用 /90
4.2.3 团队传统性的调节作用 /92
4.2.4 团队人际公平氛围的中介作用 /93
4.2.5 团队权力距离文化的调节作用 /94
4.3 研究方法 /95
4.3.1 研究样本 /95
4.3.2 研究程序 /96
4.3.3 测量工具 /97
4.3.4 数据的分析层面及分析策略 /98
4.4 研究 1 的分析结果 /99
4.4.1 变量的描述性统计分析结果 /99
4.4.2 中介作用和调节作用的检验结果 /100
4.5 研究 2 的分析结果 /102
4.5.1 变量的描述性统计分析结果 /102
4.5.2 中介效应检验结果 /103

4.5.3 有调节的中介效应检验结果 /104
4.6 讨论 /106
4.6.1 研究的理论意义 /107
4.6.2 研究的实践意义 /108
4.6.3 研究不足与未来展望 /109

5 谦卑型领导对员工跨界行为的跨层影响 /116

5.1 问题提出 /116
5.2 理论基础与研究假设 /117
5.2.1 理论基础 /117
5.2.2 谦卑型领导与员工跨界活动 /118
5.2.3 谦卑型领导与心理安全氛围 /120
5.2.4 心理安全氛围的中介作用 /121
5.2.5 团队间任务互依性的调节作用 /122
5.3 研究方法 /123
5.3.1 研究样本与调查程序 /123
5.3.2 测量工具 /126
5.4 结果与分析 /127
5.4.1 测量工具的区分效度检验 /127
5.4.2 数据聚合指标检验 /128
5.4.3 描述性统计分析 /128
5.4.4 假设检验结果 /129
5.5 研究结论 /133

6 谦卑型领导对员工越轨行为的跨层影响 /140

6.1 问题提出 /140
6.2 研究假设 /142
6.2.1 谦卑型领导与员工越轨行为 /142
6.2.2 人际公平氛围的中介作用 /143
6.2.3 真诚型领导的调节作用 /144

6.3 研究方法 /146
6.3.1 研究样本和研究程序 /146
6.3.2 测量工具 /146
6.3.3 数据聚合与分析 /147
6.4 研究结果 /148
6.4.1 描述性统计与相关分析结果 /148
6.4.2 直接效应检验 /149
6.4.3 中介效应的检验 /150
6.4.4 被调节的中介效应检验 /150
6.5 讨论 /152
6.5.1 理论意义及研究缺陷 /152
6.5.2 实践意义 /153

7 谦卑型领导的垂滴效应：对团队谦卑和团队绩效的影响 /159

7.1 问题提出 /159
7.2 理论基础与研究假设 /162
7.2.1 谦卑型领导 /162
7.2.2 垂滴效应 /164
7.2.3 团队谦卑 /166
7.2.4 谦卑型领导的垂滴效应 /168
7.2.5 团队谦卑行为的中介作用 /170
7.2.6 中层管理者自恋人格特征的调节作用 /173
7.3 研究设计与方法 /174
7.3.1 研究样本 /174
7.3.2 研究程序 /175
7.3.3 研究工具 /176
7.4 数据分析与结果 /177
7.4.1 数据聚合指标的检验结果 /177
7.4.2 研究变量的描述性统计分析结果 /177
7.4.3 假设检验 /178

7.5 讨论与结论 /182
7.5.1 研究意义 /182
7.5.2 研究贡献与不足 /184

1
谦卑型领导的发展历程及研究动态*

在领导力领域，人们通常忽略谦卑的重要性，认为谦卑意味着缺乏韧性和决心，可能对领导有效性产生负面影响。Collins 及其团队在一项历时五年的研究中发现，保持卓越绩效的公司与未能实现绩效的相比，保持长久卓越绩效公司的突出特征是在公司过渡期中出现了极度谦卑的第五级经理人，他们表现出诸如安静、谦逊、平和、羞怯、不抛头露面等特征，与后一类公司中以自我为中心的领导风格形成了鲜明对比（Collins，2001a；Collins，2009）。综观当前比较流行的“自下而上”的公仆型领导（Greenleaf, 1977）、真诚型领导（Avolio & Gardner，2005）等理论，也无不强调谦卑在其中发挥的重要影响。近些年，公司行政领导的自我放纵、骄傲自大、权力意识暴涨以及自视过高引发了许多公司丑闻（Boje et al.，2004；Knottnerus et al.，2006），领导者傲慢和自恋成为做出糟糕决策的元凶（Chaterjee & Hambrick, 2007），因此，实践界和学术界对谦卑型领导的呼声越来越高。谦卑的领导者不会妄自尊大、无视他人，以及为了自身利益进行领导，他们更倾向于他人定向而非自我定向，不仅能认清自己的优势和劣势，而且善于接纳新观点和不断进行自我超越。此外，由于组织环境变得更加动态、不确定和不可预测，上层领导者在上层解决所有的问题变得越来越难（Senge，1990），所以组织越来越强调领导者应展现更多的“自下而上”的谦卑型领导（Humble Leadership）行为（Chiu，Huang & Hung，2012；Morris，Brotheridge & Urbanski，2005；Ou，2011；Owens & Hekman，2012；Owens，Johnson & Mitchell，2013；Vera & Rodriguez-Lopez，2004；Weick，2001）。总而言之，将谦卑引入领导力领域已成为时代所需。

---

* 本章部分内容已发表，请参看：王碧英，杜欠欠.（2016）. 谦卑型领导的研究述评与未来展望. 中国人力资源开发，（13），28-36.

1.1 谦卑型领导的发展历程

1.1.1 谦卑型领导在西方的研究历程

谦卑型领导的学术研究最初起源于西方学者的努力。谦卑型领导的研究遵循这样一条主线，即从最初把谦卑作为一种美德关注其有效性（Cameron & Caza，2004），然后把谦卑与领导过程联系起来（Collins，2001b；Morris，Brotheridge & Urbanski，2005），最终 Owens 和 Hekman（2012）首次提出谦卑型领导（Humble Leadership）的概念，意为“从底层开始领导”（Leading from the Ground）或“自下而上的领导”（Bottom-up Leadership）。因此，谦卑型领导的研究首先来自对谦卑的研究，这也是谦卑型领导理论发展的基础。

谦卑一词来自拉丁文 Humus（意为“大地”——“Earth”）和 Humi（意为“在地上”——“on the Ground”）（Owens & Hekman，2012）。谦卑的概念发展大致经历了四个时代，相应地产生了四种观点（Morris et al.，2005）。

（1）历史观点。早期关于谦卑的著作中的观点主要来自古希腊斯多葛学派（Greek Stoic）和佛教的教义（Peterson & Seligman，2004）。古希腊哲学家认为谦卑是一种美德（Sandage & Wiess，2001），但谦卑在古希腊思想中并不是最重要的，仅仅被当作道德生活的起点而非终极目标（Morris et al.，2005）。佛教教义也认为谦卑是很重要的人类优点。佛教认为，人只要轮回就要受苦，要结束苦难，就要随缘，随缘的重要方式之一就是通过谦卑的思想达到远离自私，即为“正意”（Mishra，2004）。

（2）一神论观点。犹太教、伊斯兰教和基督教的一神论提供了谦卑的另一种观点，即顺从神的旨意（Murray，2001），认为谦卑是通向荣耀的路径（Spiegel，2003）。例如，基督教的教义提出，谦卑是一种谦逊的状态，包括“展现出对自身重要性的低估”（Pearsall & Trumble，1996），即把谦卑看作是私图好争和自负的对立面，认为谦卑是一种抵御自负诱惑的无私表现（Grundmann，1972）。因此，基督教教义引导人们通过谦卑来认清别人是值得爱和同情的（Comte-Sponville，2001）。

（3）负面论观点。启蒙时期的哲学家主张人性解放，他们对基督教有关谦卑的解释不以为然，认为人们不需要奴隶的品性——谦卑（Nietzsche，1974）。谦卑的负面特征主要体现在两个方面：一是将谦卑与卑贱、懦弱联系在一起（Klein，1992；Knight & Nadel，1986；Langston & Cantor，1989），即谦卑的人忽视自己的价值，低人一等，谦卑既不是美德也不具有学习的价值；二是把谦卑当作社交方面"合时宜"的伪装，是一种狡猾的社交方式，即谦卑的人是个"骗子"，他们的虚伪是一种经营策略，用来保持与社会规范一致（Gergen，1968；Goffman，1959）或博得他人的喜欢（Schneider，1969；Stires & Jones，1969）。

（4）现代观点。无论是哲学家还是社会学家都认为，谦卑是比之前的观点所认为的更复杂的一个构念。例如，法国哲学家 Comte-Sponville（2001）认为谦卑是有关自我的科学，是对自己是什么和不是什么的所有意识。Tangney（2000）认为，谦卑是一种丰富的、多层面的美德或优势，不仅包括诚实地评价自我，而且包含忘记自我、欣赏所有有价值的东西。从积极心理学的角度来看，谦卑是一种积极的人性特质，它不是对自我的否定，而是对自我的客观评价，并且暗含着想准确看清自我的意愿（Peterson & Seligman，2004；Tangney，2000）。除此之外，Vera 和 Rodriguez-Lopez（2004）还强调，谦卑代表一种生活态度，但它不是个体内在固有的特征，而是像其他美德一样可习得，从而使个体发生重要变化。以上观点表明，当前学者更看重谦卑的积极作用，把谦卑当作一种可以习得的人性特质，在个体发展中起重要作用。

1.1.2　谦卑型领导在中国的研究历程

中国自古就非常重视谦卑品质，可以说在世界文明中，中国是最早推崇谦卑的国家，中国道教的教义和儒家的思想无不强调谦卑的重要性。道教认为谦卑就是"失去自我"。老子也是因具有谦卑品质而为人所称赞，《道德经》中的多处内容都传达出老子对谦卑的推崇，例如，"上善若水""见素抱朴""是以圣人后其身而身先，外其身而身存"等，即要求人保持本真，卑弱处下，虚怀若谷，兼容并包，从而得到更多的支持。尤其是，老子指出要以谦卑的态度雇用他人，通过民主领导、重视自我提升、强调道德价值来影响追随者的态度（Chiu，Huang & Hung，2012）。在儒家的代表性论著《论语》中，谦卑同样具有丰富的内涵，如不自夸、不宣扬自己的优点、敏而好学、不耻下问等，儒家强调通过反省来达到自我认识，通过勤奋学习来练就谦卑。中国有关谦卑的思想影响了一大批现代企业管理者，国内最具影响力的联想、华为等企业的商业领袖也无不表现出谦卑的特征（徐淑英，2011）。

1.2 谦卑型领导的特征与测量

西方近十余年的研究文献最初只关注谦卑这一个概念（Cameron & Caza，2004），后来才提出“谦卑型领导”概念（Owens & Hekman，2012）。因此，我们首先回顾有关谦卑特征的研究，然后再总结谦卑型领导的测量。

1.2.1 谦卑的内涵

很多学者都对谦卑的内涵与维度结构进行了深入探究。Means 和 Wilson（1990）认为，谦卑意味着敢于承认自己的错误、承认自身不能控制的社会冲突、对待他人耐心温柔、同情他人。Rowatt 等（2006）则将谦卑划分为诚信、公平、开放性、尊重他人以及远离傲慢五个维度。还有一些社会及人格心理学家将谦卑作为美德和优点展开研究，例如，Emmons（1999）认为谦卑包含准确的自我认知、承认自身缺陷、能够保持才华成就以及远离自大自卑。Chiu，Huang 和 Hung（2012）在总结中西方观点的基础上，认为谦卑包含六个维度：开放性、自我意识、自我反省、礼貌、超越和感恩的心态。综观历年学者对谦卑维度构成的研究，大致都从这三个方面来构建谦卑维度模型：如何看待自己（客观）、如何看待他人（欣赏）以及如何接受新的信息（开放）（Exline & Geyer，2004；Owens & Hekman，2012；Tangney，2000）。

1.2.2 谦卑型领导的特征

虽然目前关于谦卑的理论构建达到了比较成熟的阶段，但是真正把谦卑带入领导力来探讨谦卑型领导行为的研究仍然很缺乏，并且在不同组织情境下谦卑型领导的特征表现存在差异（Morris et al.，2005；Ou，2011；Owens & Hekman，2012；Oc et al.，2015）。Morris 等（2005）提出，领导者谦卑是一种人性美德和相对稳定的个人取向，基于准确看清自己的意愿及倾向，并在傲慢和卑微之间达到了人性优点的顶峰。这一定义包含三个不同的维度：自我意识（了解自己的优势和弱势）、开放（接纳已知的新思想和新方法）和超越（更多地接受其他的事物而不是自己，欣赏别人，承认其他人的积极价值）。Owens 和 Hekman（2012）提出，谦卑型领导通常包含领导者如何看待自己（更客观地）、别人（更欣赏地）以及新的信息或观点（更开放地）（Exline & Geyer，2004；Tangney，2000），它不是一种短暂的认知或情绪性的表现，而是在不同的时间可以重现的、被观察的、人际交互的行为模式（Owens et al.，2013）。Owens 和 Hekman（2012）以美国企业员工为样本，通过对 55 位领导者的深入访谈，运用质化研究的方法，总结出谦卑型领导行为的三个维度：承认自己的错误和缺点；欣赏下属的优点和贡献；塑造可教性（Modeling Teachability，指领导者听取别人的意见，允许员工提问，并向员工耐心地解答，主动向员工收集信息和建议）。这一研究与 Morris 等（2005）的研究结果基本一致。

Ou（2011）以中国组织为样本探讨 CEO 的谦卑性与中层经理行为和绩效的关系，把谦卑定义为一种发展取向，是基于个体从属于某个目标的自我概念，主要表现为：①自我意识和自我提升；②欣赏他人、提升他人；③追求超越自我和低自我关注。Oc 等（2015）采访了 25 位新加坡 MBA 在读学生以及企业员工，得出在新加坡组织情境下谦卑型领导具有九个特征：①准确认知自我，包括优点和缺点；②承认下属的优势和成就；③可教性，接受来自员工的反馈，以此改善自己的行为；④榜样领导，赢得员工的信赖；⑤谦逊，不抢占下属功劳；⑥为了集体利益与下属一起工作；⑦能够做到移情，关怀下属；⑧尊重下属，对待下属公平公正；⑨为下属的职业发展提供指导。可见，亚洲文化下的谦卑型领导者更注重帮助下属发展以及以身示范，谦卑型领导的内涵是具有文化差异的。

1.2.3 谦卑型领导的测量

把谦卑引入领导力领域进行研究只有十几年的时间，目前还没有真正的谦卑型领导的测量工具，先前的研究主要测量员工或者领导者的谦卑行为。早期学者主要采用替代性工具，采用自我或他人报告的形式来测量谦卑行为。例如，Knight 和 Nadel（1986）将谦卑看作低自尊，运用自我报告来测量个体的谦卑状况；Tangney（2000）则讨论了通过比较自我报告和其他评估报告的工作绩效差值来测量谦卑的可能性。他们均没能开发有关谦卑的测量工具，而仅仅采用替代性方式测量谦卑。

之后，有些学者开发了谦卑行为的测量表，并采用自我报告或他人评价的方式来测量员工或者管理者的谦卑行为。例如，Ou（2011）开发了六个维度、18 个项目的领导者谦卑量表，并验证了量表的结构效度和区分效度，比较了自评和他评的信度。结果发现，谦卑是可以与自恋、谦虚、核心自我评价以及学习目标取向区分开的，并且他评方式具有更好的内部一致性，能减少社会赞许性的影响，更适合在实证研究中采用。Owens 等（2013）开发了三个维度、九个项目的谦卑量表，并通过多个样本数据检验了该量表的信度、表面效度、结构效度以及区分效度，表明谦卑能够与其他相关的人格特质（如大五人格、谦虚、核心自我评价、自恋等）区分开。但有学者提出，自我报告的方式在概念上存在严重的问题。人们认为自己是谦卑的，这种自我感觉与真正的谦卑似乎是自相矛盾的，采用自我报告所得的研究结果具有较低的内部一致性（Tangney，2002）。Richards（1992）认为，那些真正拥有谦卑的人不太可能将这种美德归于自己，与之亲近的人才有可能观察到并报告出这种美德。鉴于这些问题，学者们提出通过与被评价者来往密切的他人的报告测量谦卑可能是理想的（Exline & Geyer，2004；Davis，Worthington & Hook，2010），这种运用多方位的外部评价测量谦卑的方法显示出了高度的一致性（John & Robins，1993；Kenny，1994）以及高度的准确率，即使评价者只是短暂或间接地接触被评价者（Gosling et al.，2002）。因此，对谦卑型领导行为的研究应该更多地采用直接下属评价的方式，目前急需开发针对不同文化特征的谦卑型领导测量工具。

1.3 谦卑型领导与其他领导行为的比较

谦卑一直被认为是与其他领导特征互补的一个构念，可以使其他领导行为更有效地发挥作用，如公仆型领导、真诚型领导以及变革型领导。这三种领导方式所强调的领导者要具有自我意识、关注员工，与谦卑的含义相类似，由此可以看出，谦卑可以作为公仆型领导、真诚型领导和变革型领导运作的潜在基础。但是谦卑型领导作为一种独立的新型领导行为，与以上三种领导行为仍然存在明显的区别。

（1）与公仆型领导的异同。公仆型领导首先是仆人，然后才是领导者（Greenleaf，1977），领导者的关键角色是尽其所能地服务和培育员工，帮助员工实现共享目标（Owens & Hekman，2012），强调“我服务”而不是“我领导”（Sendjaya & Sarros，2002）。谦卑型领导与公仆型领导都主张领导者不应把焦点放在自己身上，而应凸显员工的长处和贡献，往往会导致较高的员工承诺。但两者也存在本质区别：①谦卑型领导的关注点在于“为追随者示范改变过程”（Owens & Hekman，2012），而公仆型领导更关注“在服务他人方面”做榜样（Liden et al.，2008）；②谦卑型领导强调领导与员工之间的互动，即领导者也会向员工虚心学习，而公仆型领导主张领导为员工服务，不强调互动；③谦卑型领导也认可环境的不确定性，适时改变从而适应来自环境的挑战（Owens & Hekman，2012），而公仆型领导并不关注此方面。

（2）与真诚型领导的异同。根据以往的文献得知，真诚型领导者表现为不伪装自己，高度关注自身和下属的自我意识、自我调节和积极心理能力，以及依靠自身品质、榜样示范和无私奉献向下属传达影响下属的原则、价值观和道德规范（Shamir & Eilam，2005；Avolio & Gardner，2005）。谦卑型领导与真诚型领导均强调真实地展现自己（Avolio et al.，2009；Owens & Hekman，2012），但是由于 Luthens 和 Avolio（2003）是基于积极心理学和积极组织行为学提出真诚型领导理论的，因此，真诚型领导者重在把自身积极的价值观和信念传达给员工，真实地展现自身积极的东西，给员工做示范，即领导者影响员工，而谦卑型领导者更强调自身的弱势与不足，凸显员工的优势，超越自我和提升员工，即员工影响领导者（Morris et al.，2005；Ou，2011）。此外，谦卑型领导接受员工的不足，鼓励员工通过尝试错误而进步（Owens & Hekman，2012；Owens et al.，2013），这是真诚型领导没有强调的。

（3）与变革型领导的异同。变革型领导者通过让员工意识到所承担任务的重要意义和责任，激发下属的高层次需要或扩展下属的需要和愿望，使下属认为团队、组织和更大的政治利益应超越个人利益（Burns，1978）。变革型领导在关注员工、授权员工、下放责任来促进员工发展方面与谦卑型领导类似（Morris et al.，2005），但是变革型领导此方面的行为表现更突出，他们强调通过自身的行为表率，在组织中营造变革氛围，而且变革型领导是把领导者和员工联系起来，是双方共同提高的过程，谦卑型领导的关注点往往在员工身上。

1.4 谦卑型领导的影响因素

目前，谦卑型领导的研究多集中于谦卑型领导的内涵维度及其有效性方面，缺乏对前因变量的探讨。谦卑型领导的核心就在于谦卑，目前学术界对谦卑的前因有较多关注，这对于谦卑型领导的前因研究具有一定的借鉴作用。谦卑已被证明具有可塑性，可以培养发展，也可以退化，根据生活经验发生浮动（Owens，2009；Vera & Rodriguezs-Lopez，2004），与人的其他特征相似，可通过实践显著增加（Dunning，1995；Duval & Silvia，2002），并受环境因素的影响（Tangney，2000，2002）。在学术界，许多变量已被提及可以影响谦卑，主要包括内在因素和外在因素。

1.4.1 内在因素

（1）个人宗教信仰。谦卑是世界上主要宗教（如佛教、基督教、伊斯兰教等）的基本原则，是宗教美德的根本。有关谦卑的学术著作大部分都基于神学或信仰的视角，且有学者认为，谦卑与宗教信仰存在正相关关系，持有宗教信仰的领导者更有可能具有谦卑的品质（Exline & Geyer，

2004）。

（2）学习动机。学习与发展被认为是人类最根本的需求（Lawrence & Nohria，2002）。谦卑反映个体人际互动的倾向，这种倾向伴随着一种强烈的向他人学习的动机，因此，个体成长与发展的基本需求会促使领导者不断收集有关于自身和环境的信息，并经常把互动伙伴当作学习和发展的关键资源。

（3）人格特征。Morris 等（2005）通过引用积极心理学的研究成果得出：①高水平的自恋预测低水平的谦卑，自恋通常会导致自我宣传和自我膨胀感，产生诸如将团队的成功归于自己、过高评价自身能力的领导行为，而这些与谦卑行为恰恰相反；②马基雅维利主义（缺乏对普适道德的关心，为达到自己的目的，而不惜在人际关系中使用欺诈和机会主义手段，审视和摆布别人）预测低水平的谦卑，马基雅维利主义强调的是维护个人利益，追求自我改善，现实中可能出现挑拨员工之间的关系来谋求自我利益等行为，而谦卑强调行为克制，尊重和维护他人；③低的自尊心预测低水平的谦卑，自尊心低的人通常会低估自己的能力，夸大弱点，往往导致负反馈；④防御性高自尊预测低水平的谦卑，高自尊的个体往往忽视负向反馈，缺乏自我意识，拒绝公开场合接受他人的意见；⑤高水平的情绪觉察和管理预测高水平的谦卑，善于管理自己情绪的人会控制自己的情绪表达，尊重他人。

1.4.2 外在因素

Romanowska 等（2014）曾做过一个实验，对采用实验戏剧艺术与传统培训方式的领导力培训效果进行比较，发现经历过一年戏剧演练的领导者表现出更多的谦卑行为。Broch（1982）主张艺术的职责就是解决人们用认知的理性的方法所不能解决的棘手问题。艺术经验可以促使领导者洞察周围的世界，培养其反省、自我批评、脱离自我的能力（Romanowska et al.，2014），可以深化领导者的自我意识，提高其应对不确定性环境的能力。

另外，Collins（2001a，2001b）也提出一些情景特征，如接近于死亡的体验、运气事件和谦卑的导师都有可能影响领导者的谦卑行为品质。虽然这种影响目前仅停留在推测阶段，还没有实证研究来证实其合理性，但以上推断在很大程度上说明，领导者的谦卑是可以通过培训和学习得以改变的。

1.5 谦卑型领导的研究动态

21 世纪以来，前所未有的瞬息万变以及激烈的竞争成为经济环境最明显的特征，在这种环境下，学者们正逐渐达成一个共识：领导者需要“多谦卑，少傲慢”来应对这种变化（Doty & Gerdes，2000；Weick，2000）。相关研究也表明，领导者谦卑在组织情境中会产生积极影响（Ou et al.，2014；Owens & Hekman，2012；Owens et al.，2013）。在国外，Owens 团队在谦卑型领导的有效性研究领域占据主导地位，做出了极大的理论贡献，他们的研究成果主要体现在员工层面和团队层面。之后，中西方学术界开展了大量的实证研究，主要探讨领导者谦卑对员工个体、团队以及组织的影响，并关注了组织特征、团队特征、员工特征以及领导成员关系对领导者谦卑影响效应的促进或抑制作用。目前，在管理学国外顶级期刊上发表的论文基本上都把领导者谦卑当作团队以上层面的变量来研究，而在国内学术期刊上发表的论文基本上在个体层面展开。此外，先前谦卑型领导的实证研究大多以中国企业员工或管理者为研究对象，基于西方组织数据的研究相对较少，尤其是西方组织情境下的谦卑型领导效能发挥的边界条件还没有得到系统的探讨。

1.5.1 西方组织情境下谦卑型领导的影响效应

Owens 和 Hekman（2012）在文献综述的基础上提出，谦卑型领导行为首先会影响员工的知觉，使员工感觉到领导认可他的发展，认可环境的不确定性，由此就会产出一系列行为结果，例如，员工对领导者信任和忠诚、员工和领导者心理自由、员工敬业度逐渐提高以及员工呈现小而持续的改变。然而，该研究还指出，谦卑型领导行为并不总是有效的，这取决于两类权变因素。一类是领导者特质方面的权变因素，例如，领导者越有能力，表现出的领导行为越真诚，那么谦卑型领导行为所产生的影响结果就越好；相反，谦卑型领导只能让员工产生一种不好的印象和认为领导者无能。另一类权变因素是环境因素，例如当组织面临较大的威胁和时间压力，或者组织很强调等级观念时，谦卑型领导就不能产生应有的效果；如果组织拥有一种学习型文化，则能更好地促进谦卑型领导作用的发挥。这一理论研究为未来实证研究的开展提供了充分的理论依据和基础，为之后的研究指明了方向。西方的谦卑型领导研究大多为跨层研究或团队以上层面的研究，对谦卑型领导作用发挥的中介机制关注较多，对谦卑型领导影响效应产生的边界条件较少涉及。

1.5.1.1 谦卑型领导对追随者个体的影响

首先，谦卑型领导会通过影响员工对自我的感知和态度，进而影响员工的离职率、参与度或主动行为、任务绩效、建言行为、反馈搜寻行为、真实性感知以及创造力。Owens 等（2013）采用质化和量化的研究方法，利用八个不同样本检验了谦卑对个体绩效的跨层影响效果，发现相对于自觉性、自我效能感和一般认知能力，领导者谦卑会带来更好的个体绩效和情景绩效（即团队成员贡献质量），还可以对较低的一般能力起到弥补作用。研究还发现，①员工满意度在领导者谦卑与员工自愿离职率之间起中介作用，即谦卑的领导者会提高员工满意度，进而降低员工自愿离职率；②团队学习行为在领导者谦卑与员工参与度之间起中介作用，即领导者谦卑可以促进团队学习，进而增加员工参与度。Bharanitharan 等（2018）基于依恋理论（Attachment Theory），将 57 个管理者和 257 个员工作为研究样本采集两个时间段、不同评价源的数据进行研究。结果发现，在个体层面上，领导者的谦卑行为通过影响员工的安全感知，如被信任感和建言自我效能感，进而影响员工两种相反的建言行为，包括挑战型建言和防御型建言。Oc 等（2019）通过三个实验研究关注领导者谦卑如何塑造员工感知的真实性。在个体层面上，当领导者表现的谦卑行为越多，员工在与领导者的关系中感知到的脆弱性越少，尤其是领导者谦卑的真实性增加时，这种关系会更弱，员工在与领导者的关系中感知到的脆弱性越少，则员工感知到的真实性就越多。

其次，谦卑型领导会影响员工对管理者的认同和信任，从而影响员工行为和员工感知的领导有效性。Huynh，Johnson 和 Wehe（2019）提出，谦卑对于不同领域的领导者来说都是 项必要的品质，但很少有研究关注运动教练的谦卑特征。该研究整合积极心理学和组织心理学来定义运动教练的谦卑，并检验谦卑的教练对运动员的发展和其团队氛围知觉的影响。教练的谦卑通过基于情感的信任而非基于认知的信任来影响教练对运动员的影响力以及运动员对团队的氛围知觉。

最后，谦卑型领导会影响员工对组织的认知，进而影响员工的行为。

1.5.1.2 谦卑型领导对团队或组织的影响

谦卑型领导不仅可以影响追随者个体的感知、态度和行为，而且可以影响组织或团队整体的认知或相关行为。

领导谦卑具有传递作用，可以通过影响团队谦卑，进而影响团队心理资本以及团队绩效。Owens 和 Hekman（2016）收集了 161 组团队数据，实证证明下属会模仿领导者的谦卑行为，从而形成一种分享的人际交往过程（团队谦卑），这种团队谦卑反过来会使团队逐步努力发挥其最大潜能，最终提高团队绩效。Rego 等（2017）基于 82 个团队（包括 332 名团队成员）数据的研究发现，领导谦卑能促进团队谦卑，团队谦卑进一步促进团队心理资本的增加，并最终提升团队绩效。领导谦卑的强度在领导谦卑和团队谦卑之间起调节作用，领导谦卑的强度越高，领导谦卑对团队谦卑的正向影响越强；团队谦卑的强度越高，团队谦卑对团队心理资本的正向影响越强；团队心理资本的强度越高，团队心理资本对团队绩效的促进作用越强。当领导谦卑达到中等以上强度，团队谦卑也在中等以上强度时，两者越高，则领导谦卑通过团队谦卑对团队心理资本的间接影响效应越强。领导谦卑强度较低，仅当团队谦卑强度很高时，领导谦卑通过团队谦卑对团队心理资本的间接效应才更强。当团队谦卑强度在中等程度以上，团队心理资本强度也在中等程度以上时，两者越高，则团队谦卑通过团队心理资本对团队绩效的影响效应越强。

管理者谦卑还通过优化团队特征，如提升团队心理资本、增加团队信息分享、提升团队心理安全氛围、改变团队共享的智力模型，进而提升团队有效性、团队创造力和团队学习水平。Rego 等（2017）采用中国、新加坡、葡萄牙的样本，进行实验研究、多来源的现场研究以及三个时间段的多来源现场研究，发现领导者谦卑通过提升团队心理资本，进而提升团队任务分配有效性，最终提升团队绩效。Rego Cunha 和 Simpson（2018）以 96 名上司、307 名下属以及 656 名同级为研究对象，采用 360 度评价的方式收集数据，研究发现，在控制领导者的可信性、上司评价和下属评价的谦卑、上司的年龄和性别之后，同级评价的谦卑通过平衡加工过程影响团队有效性。

1.5.2　中国组织情境下谦卑型领导的影响效应

1.5.2.1　个体层面的研究

在西方组织情境下，谦卑型领导的主流研究团队更多地把谦卑型领导作为管理层或以上层面的变量进行研究，在中国组织情境下，从 2015 年开始，从员工感知的角度来探讨谦卑型领导影响效应的个体层面研究如雨后春笋般地涌现。个体层面的研究主要呈现以下几个特点：研究模型从探讨单纯的直接效应或中介效应转变为探讨有调节的中介模型；数据收集从同源数据转变为不同源的间隔时间段的配对数据；统计方法从使用简单的层级回归过渡到使用 Bootstrapping 技术关注各类效应的置信区间。

（1）谦卑型领导对领导有效性、团队效能以及团队绩效的影响。有少数研究从员工感知的角度来关注谦卑型领导对相关团队变量的影响。例如，叶龙和王蕊（2016）以 378 名为研究对象得出，谦卑能够有效预测变革型领导以及领导有效性，其中，关系导向和任务导向的变革型领导分别在谦卑与领导有效性中起完全中介和不完全中介作用。代同亮、雷星晖和苏涛永（2019）以 350 名员工及其团队领导的配对为样本，研究发现：谦卑领导行为对团队绩效具有显著的正向影响；资源共享在谦卑领导行为和团队绩效之间起部分中介作用；集体主义倾向在谦卑领导行为和资源共享之间起正向调节作用；个体传统性在谦卑领导行为和资源共享之间起负向调节作用。廖冰、赵方苏和闫威（2017）研究发现，谦卑型领导行为与团队效能（包括团队绩效、团队承诺、团队满意度）显著正相关，组织公民行为在谦卑型领导对团队效能的影响中起中介作用。可以看出，谦卑可以影响领导者的领导行为、团队的资源共享以及个体的工作行为，进而影响领导有效性及团队效能。

（2）谦卑型领导对员工态度的影响，主要包括对情感承诺及离职意愿的影响。情感承诺和离职意愿是很多其他工作态度和工作行为的重要前因变量，谦卑型领导可以直接或间接地对两者产生影响。高日光和李胜兰（2018）研究发现，谦卑型领导与行为一致性的交互效应对员工情感承诺有显著的影响，并且这种影响效果随着员工传统性的高低呈现显著差异。对于高传统性的员工而言，真君子能促进员工的情感承诺，而伪君子则会减少员工的情感承诺；对于低传统性的员工而言，无论领导是真君子还是伪君子，只要做到礼贤下士，下属均能积极回应。由此，谦卑型领导对员工情感承诺的影响是领导者的多种行为与员工特征交互作用的结果。李洁、梁巧转和张真真（2018）基于情绪蔓延机制和资源保存理论研究发现：谦卑领导行为负向影响下属离职倾向；下属心理资本在谦卑领导行为和下属离职倾向之间起中介作用；领导专业技能对这一中介效应进行调节，领导专业技能越高，其谦卑行为通过下属心理资本对下属离职倾向的负向影响越强烈。由此，具有高领导技能的谦卑型领导对员工的影响更大。同样，雷星晖、代同亮和苏涛永（2018）以304个不同行业的企业员工为样本研究发现：员工满意度在谦卑领导和离职倾向之间起着部分中介作用；相对剥夺感起到显著的调节作用，相对剥夺感越高，谦卑领导与员工满意度之间的正向关系越弱，谦卑领导和离职倾向之间的负向关系越强。因此，谦卑型领导可以通过多种方式来影响员工的离职意愿，但此过程仍然受制于领导者特征以及员工感知的调节作用。

（3）谦卑型领导对员工行为的影响。首先，对员工正向的主动工作行为的影响，包括建言行为、反馈寻求行为、工作投入、跨界行为、合作行为、主动变革行为以及管家行为等，其中对建言行为和反馈寻求行为的研究相对较多。Chen 等（2018）基于中国的286对上下属配对数据研究得出，谦卑型领导对员工的主动行为有正向影响，心理授权在其中起中介作用，员工对管理者的认同调节心理授权的中介效应。谦卑型领导可以通过改善领导—成员交换关系（彭娇子、张亚军和肖小虹，2016）、对上级信任度（朱健和李颖凤，2017）、员工心理安全感（王富祥，2018；张军成，2016）、员工敬业度（冯镜铭、刘善仕和吴坤津，2018）进而改善员工的各类建言行为，其中下属的权力距离感知起负向调节作用（彭娇子、张亚军和肖小虹，2016），而主动性人格（张军成，2016）以及传统性（冯镜铭、刘善仕和吴坤津，2018）起正向调节作用。从社会交互的角度来看，谦卑型领导可以通过领导—成员交换（LMX）和团队心理安全来影响员工的反馈寻求行为（齐蕾、邢讷和刘冰，2017）；从员工内在认知的角度来看，谦卑型领导通过改变员工的内部人身份认知和风险承担意愿来促使员工产生更多的反馈寻求行为（倪清和杜鹏程，2017）。除此之外，唐汉瑛、龙立荣和周如意（2015）基于自我概念衍生理论得出，谦卑领导行为通过提升下属的组织自尊进而影响其工作投入，并且对于高权力距离的下属，谦卑领导行为对其工作投入的积极影响更强。邓志华（2018）基于 263 对领导—员工配对数据发现：谦卑型领导通过员工的心理授权正向影响员工的跨界行为；员工的心理授权在谦卑型领导和员工跨界行为之间具有完全中介作用；个体现代性在直接路径和第二阶段路径中发挥调节作用，个体现代性高时，谦卑型领导对员工跨界行为的直接影响以及通过员工心理授权的中介作用对员工跨界行为的间接影响也随之增强，反之则减弱。蔡地等（2018）研究得出：领导越谦卑，团队成员之间的地位冲突越少，团队成员之间越可能采取合作行为，采取制裁行为的可能性越小；地位冲突在谦卑型领导与团队成员合作行为及制裁行为的关系中起中介作用。王红椿和练玉（2018）基于积极心理学及人格特质研究发现，谦卑型领导对员工主动变革行为有显著影响，心理资本在两者间起中介作用，独立型自我建构在谦卑型领导与员工主动变革行为间起着有中介的调节作用，当个体独立型自我建构较高时，谦卑型领导通过心理资本的中介对其主动变革行为产生的积极影响更加强烈。董甜甜和余璇（2019）研究得出：谦卑型领导显著正向地影响员工的责任感和管家行为；员工责任感在谦卑型领导与员工管家行为之间起部分中介作用；领导者自我牺牲精神和上下级关系均在谦卑型领导对员工责任感和管家行为的影响中起调节作用，并调节员工责任感的中介效应。

其次，对员工负向的工作行为的影响，包括沉默行为、知识隐藏行为、建设性越轨行为和制裁行为。袁凌、易麒和韩进（2016）以 480 名企业员工为对象研究发现：谦卑型领导、组织认同与下属沉默行为呈负相关关系；组织认同在谦卑型领导与下属沉默行为之间起部分中介作用；下属权力距离强化了谦卑型领导对下属沉默行为的负向影响，即下属权力距离感知越低，谦卑型领导对下属沉默行为的负向影响越强，而下属权力距离感知越高，谦卑型领导的有效性越低，因而对员工沉默行为的负向调节作用越弱。袁凌、张磊磊和涂艳红（2018）研究发现：谦卑型领导与员工知识隐藏呈显著 U 型曲线关系；组织支持感在谦卑型领导与员工知识隐藏的曲线关系中起部分中介作用；领导者能力在谦卑型领导与员工组织支持感的倒 U 型曲线关系中起调节作用。王艳子和张莉（2018）研究发现：谦卑型领导对员工建设性越轨行为具有正向影响；领导—成员交换关系对谦卑型领导与员工建设性越轨行为的关系起部分中介作用；员工内部人身份认知正向调节谦卑型领导与员工建设性越轨行为间的关系。蔡地等（2018）

研究得出：领导越谦卑，团队成员之间的地位冲突越少，团队成员之间越不可能采取制裁行为；地位冲突在谦卑型领导对制裁行为的影响关系中起中介作用。

（4）谦卑型领导对员工绩效的影响，包括对员工创造力、创新绩效、任务内绩效以及组织公民行为的影响，其中对创造力、创造行为或绩效的相关研究最多。

先前的研究发现，谦卑型领导主要是通过提升员工的心理资本（王艳子、白玲和罗瑾琏，2016）、心理安全感（雷星晖等，2015；罗瑾琏、花常花和钟竞，2016）、创新自我效能感（雷星晖等，2015；王富祥，2018）、内部人身份认知度（苏涛永等，2017；王艳子和罗瑾琏，2017）、知识共享度（罗云娜和杨高升，2019）等，进而提升员工的创造力，改善员工的创造行为或创新绩效。其中，员工的价值观（如权力距离感知、传统性、不确定规避等）起到负向调节的作用，员工的人格特征（如调节聚焦、主动性人格等）起到正向调节的作用。

谦卑型领导对员工任务绩效的影响主要通过塑造员工的自我认知来实现，当员工特征与领导者特征更匹配时，或者领导者权力更高时，这种影响更强。Mao 等（2019）基于中国 256 对领导—员工配对数据以及自我膨胀理论探讨谦卑型领导如何塑造员工的心理。研究发现，领导者谦卑能激发成员自我膨胀，这种心理变化可进一步增强成员的自我效能感，并最终影响员工的任务绩效。尤其是，当领导者和追随者的年龄和性别趋同时，领导者谦卑和追随者自我膨胀之间的关系会更强。Wang 等（2018）基于中国样本开展了两个研究，研究发现，谦卑型领导能够增加员工的关系能量、减少员工的情感耗竭，进而影响员工的任务绩效，当员工知觉到领导者具有更高的权力时，这种影响更强烈。

先前也有研究同时关注了谦卑型领导对不同类型绩效的影响。例如，余嘉禾和王碧英（2017）从社会交换与社会认知视角对 447 份上下级配对数据进行分析，发现谦卑型领导对员工角色内绩效、组织公民行为具有显著正向影响；领导—成员交换与组织自尊在谦卑型领导与员工绩效之间并行起多重中介作用，且两者中介作用相当。杨陈等（2018）研究得出：谦卑型领导能够满足员工三种心理需求（自主需求满足、能力需求满足、关系需求满足），而且工作单位结构在谦卑型领导与员工三种心理需求满足之间具有调节作用，当工作单位结构为有机式结构时，谦卑型领导对员工三种心理需求满足的正向影响更强；谦卑型领导通过满足员工能力需求提高任务绩效，而通过满足员工三种心理需求提高创新绩效；工作单位结构调节三种心理需求满足对谦卑型领导与员工绩效之间关系的中介作用，当工作单位结构为有机式时，上述中介效应更强。

1.5.2.2 组织或团队层面的研究

（1）谦卑型领导能影响组织绩效。在中国组织情境下，谦卑型领导对组织绩效关系的研究主要关注 CEO 的谦卑行为通过提升 CEO 的社会魅力以及高层管理团队整合对创新文化和组织绩效的影响，在一定程度上弥补了西方组织情境下此类研究的缺失。例如，Ou，Waldman 和 Peterson（2018）以中国 105 个公司的 CEO 和 CFO 为调查对象，采用两个时间段、两个评价源收集数据。该研究基于权力理论、高层理论以及悖论理论发现，在控制 CEO 的财会背景、高层管理团队的规模以及先前公司绩效的情况下，CEO 的谦卑能影响高层管理团队的垂直薪酬差异以及高层管理团队的整合，进而影响公司的双重战略取向，并最终影响公司绩效。Zhang 等（2017）采用两个不同的中国组织样本（研究一采用 63 个 CEO、328 个高层经理和 645 个中层经理；研究二采用 143 个 CEO 和 190 个高层经理），从悖论视角研究发现，当 CEO 更加自恋时，CEO 的谦卑通过增加其社会魅力可进一步增强公司的创新文化和创新绩效。

（2）谦卑型领导能影响团队特征或行为。谦卑型领导不仅可以直接或间接影响团队特征或团队行为，而且可以与其他团队特征发生交互作用，在具备某些团队特征的团队中产生更大的影响。

首先，对团队创新/创造力的影响。周琦玮、李倩和钱晓烨（2017）基于 58 个团队样本数据研究发现：谦卑领导行为对团队创新具有显著的正向影响；团队行为整合在谦卑领导行为与团队创新关系中起中介作用；团队分配公平感在谦卑领导行为与团队行为整合的关系中起正向调节作用，并且团队分配公平感越高，团队行为整合在谦卑领导行为与团队创新之间的中介效应越强。刘圣明、陈力凡和王思迈（2018）从团队沟通视角，以 76 个团队为研究样本发现：谦卑型领导对团队创造力有积极影响，团队成员之间横向的深度沟通以及团队成员与团队领导之间纵向的反馈沟通共同中介了这一影响过程；团队认知多样性是影响谦卑型领导行为发挥作用的重要边界条件，在高团队认知多样性的情境中，谦卑型领导行为通过团队沟通过程对团队创造力的积极影响更加显著。

其次，对团队学习氛围和安全氛围的影响。杨陈和唐明凤（2018）对51个团队进行间隔时间段的数据采集，研究发现：谦卑型领导对团队咨询网络密度具有积极影响；团队咨询网络密度在谦卑型领导与团队学习氛围间起部分中介作用；团队社会分类断裂带调节了团队咨询网络密度对谦卑型领导与团队学习氛围间关系的中介作用，即社会分类断裂带水平越高，团队咨询网络密度对谦卑型领导与团队学习氛围间关系的中介效应越弱，反之越强。Hu等（2018）对中国11个信息科技公司的72个工作团队进行多来源、时间滞后的数据收集，研究发现：在低权力距离价值观的团队中，领导者的谦卑行为和团队信息分享有更强的正相关关系；在高权力距离价值观的团队中，领导者的谦卑行为与心理安全氛围的负相关更强，在低权力距离价值观的团队中，两者相关不显著。团队信息分享和心理安全在领导者谦卑行为和团队创造力之间起中介作用，权力距离价值观调节这种中介关系。

再次，对团队学习的影响。Li等（2017）基于社会认知理论，采用来自中国多个省市的89个团队样本数据研究发现，领导者的谦卑行为和团队学习有正向的关系，共享的智力模型在其中起中介作用，当团队的集体提升聚焦更强，而集体防御聚焦更弱时，领导者的谦卑行为对团队学习的间接影响会更强。领导者谦卑对团队学习的影响也是领导者谦卑传递效应的体现。

最后，对团队绩效的影响。Chiu，Owens和Tesluk（2016）基于信息加工理论、适应性领导理论以及支配互补理论，以62个台湾专业工作团队为研究对象研究发现，领导者谦卑通过共享型领导影响团队绩效，团队主动人格得分越高，领导者谦卑与共享型领导之间的关系越强，团队成员具有的与任务相关的胜任力越强，共享型领导对团队任务绩效的影响越大。

（3）谦卑型领导对员工个体的态度和行为的跨层影响。首先，谦卑型领导能影响员工的组织认同及领导有效性。曲庆、何志婵和梅哲群（2013）以中国45家企业的153个团队、643名员工为研究对象，采用多层线性模型进行数据分析后得出，在控制家长式领导之后，团队层的谦卑领导行为对领导有效性和员工的组织认同均有显著的正向影响。

其次，谦卑型领导通过影响员工态度、认知或情绪来影响员工行为，并且与员工的价值观等发生交互作用。Qian等（2019）以中国的248名员工和57名直接上司为研究样本，研究发现：领导者表达的谦卑通过员工知觉的印象成本正向影响员工的反馈搜寻；权力距离定向调节领导者表达的谦卑与员工知觉的印象成本之间的关系，权力距离越低，两者之间的关系越强。Carnevale, Huang和Paterson（2019）基于社会认同理论，以中国一个网络公司的233名员工和45名监督经理为对象，收集间隔三周的三个时间点的数据研究得出，领导者的谦卑行为通过员工对领导者的认同间接正向地影响追随者的帮助行为，并且在高LMX差异的情况下，这种正向间接效应更显著，在低LMX差异的情况下，这种正向间接效应不显著。祝思敏和王碧英（2019）基于社会信息加工理论，以154名领导者和462名下属的有效配对为样本研究得出，谦卑型领导通过营造积极的团队氛围（心理安全氛围和创新氛围）从而正向影响员工的工作投入和创新行为。

最后，谦卑型领导通过影响员工的认知或团队氛围来影响员工的创造力。Wang, Zhang和Jia（2017）基于社会信息加工理论和情绪调节的过程模型，以中国汶川地震中129个急救医疗队中的451个领导—成员配对为样本研究发现，在控制了二层和三层的人口学变量之后，领导者谦卑通过影响员工的换位思考行为进而影响员工的创造力，员工的创造力认知重估调节领导者谦卑和员工换位思考之间的关系，员工换位思考在领导者谦卑和员工认知重估对员工创造力的交互影响中起中介作用。刘新梅、姚进和陈超（2019）基于社会信息加工理论，以51个团队196名团队成员为样本研究发现，谦卑型领导通过改变建言氛围进而影响员工创造力，LMX差异负向调节了建言氛围的中介作用，即团队中LMX差异水平较低时，谦卑型领导通过建言氛围影响员工创造力的中介作用更显著。Ou等（2014）基于中国的中小组织样本研究发现，谦卑的CEO通常具有授权的领导行为，营造一个授权的组织氛围，从而提高中层经理的工作参与度、情感承诺度和工作绩效。

1.5.3 谦卑型领导影响效应边界条件的研究动态

综观先前的研究得到，谦卑型领导影响效应的发挥主要受以下几方面因素的影响：

（1）员工的价值观。先前个体层面的研究探讨最多的两个价值观变量为权力距离感知（彭娇子、张亚军和肖小虹，2016；唐汉瑛、龙立荣和周如意，2015；袁凌、易麒和韩进，2016；王艳子、白玲和罗瑾琏，2016；Qian et al.，2019）和个体传统性（代同亮、雷星晖和苏涛永，2019；冯镜铭、刘善仕和吴坤津，2018；苏涛永等，2017），大多数研究得出，这两种价值观负向调节谦卑型领导对员工行为的影响，但研究结果却不尽相同。例如，唐汉瑛、龙立荣和周如意（2015）研究得出，当下属权力距离较高时，谦卑领导行为通过下属组织自尊对其工作投入产生的积极影响更加强烈；而王艳子、白玲和罗瑾琏（2016）的研究结果表明，权力距离负向调节谦卑型领导对员工创造力的影响，即员工权力距离越低，谦卑型领导对员工创造力的影响作用越强。代同亮、雷星晖和苏涛永（2019）研究发现，个体传统性在谦卑领导行为和资源共享之间起负向调节作用；而冯镜铭、刘善仕和吴坤津（2018）研究发现，下属的传统性在谦卑型领导通过下属敬业度对下属的促进性建言行为和抑制性建言行为的间接影响中发挥正向调节作用。因此，我们还需要进一步关注这两个变量的调节作用。除此之外，先前的研究还关注了员工的不确定规避（王艳子和罗瑾琏，2017）的负向调节作用以及现代性（邓志华，2018）和集体主义倾向（代同亮、雷星晖和苏涛永，2019）等文化价值观的正向调节作用。

（2）员工的人格特征。先前的研究主要关注主动人格（张军成，2016；罗云娜和杨高升，2019）、调节聚焦（雷星晖等，2015）、独立性自我建构（王红椿和练玉，2018）、自我牺牲精神（董甜甜和余璇，2019）等的调节作用。张军成（2016）发现，员工主动型人格正向调节谦卑型领导通过心理安全感对员工建言行为的间接效应，即在主动型人格较强的员工身上，谦卑型领导的间接效应更强。罗云娜和杨高升（2019）的研究却发现，主动型人格负面调节谦卑型领导对员工创造力的直接作用，即对于低主动型人格的员工，谦卑型领导对其创造力的提升更明显。建言行为和创造力均为员工的正面工作行为，但研究发现主动型人格对它们的作用机制却相反，需要学术界进一步对此进行探讨。其他研究还发现：员工的防御型调节倾向越突出，谦卑型领导行为对员工心理安全的影响越强；员工的促进型调节倾向越突出，谦卑型领导行为对员工自我效能的影响越强（雷星晖等，2015）；当个体独立型自我建构较高时，谦卑型领导通过心理资本的中介对员工主动变革行为产生的积极影响更加强烈（王红椿和练玉，

2018）。以上研究基本是探讨积极人格特征对谦卑型领导间接效应的正向调节作用，未来的研究需要进一步关注负向或消极人格特征，如自恋、马基雅维利主义、低自尊等的调节作用。

（3）员工的自我认知。先前的研究主要关注创造性自我效能感、内部人身份认知以及相对剥夺感的调节作用。罗瑾琏、花常花和钟竞（2015）基于社会认知理论，以438名知识员工为调研对象进行间隔时间段的数据收集，研究发现，创造性自我效能越高，谦卑型领导对知识员工创造力的作用越强，创造性自我效能调节心理安全在谦卑型领导和创造力之间的中介作用。王艳子和张莉（2018）以188名员工为对象研究发现，员工内部人身份认知正向调节谦卑型领导与员工建设性越轨行为之间的关系。雷星晖、代同亮和苏涛永（2018）以304个不同行业的企业员工为样本研究发现，相对剥夺感越高，谦卑领导与员工满意度之间的正向关系越弱、与离职倾向之间的负向关系越强。

（4）领导者特征及员工对管理者的认知。在管理者层面上，当CEO更加自恋时，CEO的谦卑通过社会魅力对公司创新文化和创新绩效的影响会更强（Zhang et al.，2017）。在个体层面，员工所感知的领导者的言行一致性、专业技能或能力、权力、自我牺牲精神等均有助于谦卑型领导效应的发挥。例如，领导者的言行一致性越高，谦卑型领导对员工情感承诺的影响就越强（高日光和李胜兰，2018）；领导的专业技能越高，其谦卑行为通过下属心理资本的中介对下属离职倾向的负向影响越强烈（李洁、梁巧转和张真真，2018）；当员工知觉到领导者具有更高的权力时，谦卑型领导通过增加员工的关系能量、减少员工的情感耗，进而对员工的任务绩效产生更强烈的影响（Wang et al.，2018）；领导者越富有自我牺牲精神，谦卑型领导通过员工责任感对管家行为的影响越大（董甜甜和余璇，2019）。

（5）上下级关系、关系差异化程度以及上下属的相似性。无论是上下级关系还是关系差异化均会影响谦卑型领导效应的发挥。在个体层面，上下级关系正向调节谦卑型领导通过员工责任感对管家行为的影响（董甜甜和余璇，2019）；员工对管理者越认同，谦卑型领导通过心理授权对员工主动行为的间接影响越强（Chen et al.，2018）。在团队层面，关系差异化程度会影响谦卑型领导的跨层效应，在高LMX差异的情况下，领导者的谦卑行为通过员工对领导者的认同对追随者帮助行为的正向影响更强，在低

LMX 差异的情况下，这种间接效应不显著（Carnevale，Huang & Paterson，2019）；在低 LMX 差异情况下，谦卑型领导通过建言氛围影响员工创造力的中介作用更强（刘新梅、姚进和陈超，2019）。尽管这两个研究均在中国组织情境下关注不同 LMX 差异情况下谦卑型领导对正向行为的影响作用，但却得到了相反的研究结论，需要学术界进一步去关注。此外，上下属是否相似，也可能影响谦卑型领导的作用效果。例如，当领导者和追随者的年龄和性别趋同时，领导者谦卑和追随者自我膨胀之间的关系会更强，从而进一步增强追随者的自我效能感和任务绩效（Mao et al.，2019）。

（6）团队特征。团队人格以及团队氛围、团队属性、团队价值观等团队特征均会影响谦卑型领导的效应发挥。首先，团队人格的影响。例如，团队主动人格得分越高，领导者的谦卑行为通过共享型领导对团队绩效的影响更强（Chiu，Owens & Tesluk，2016）；当团队的集体提升聚焦更强，而集体防御聚焦更弱时，领导者的谦卑行为通过共享智力模型对团队学习的间接影响更强（Li et al.，2017）。其次，团队氛围的影响。有研究表明，在团队分配公平感较高的情况下，团队行为整合在谦卑领导行为与团队创新之间的中介效应更强（周琦玮、李倩和钱晓烨，2017）。再次，团队属性的影响。当团队认知多样性较高时，谦卑型领导行为通过团队沟通过程对团队创造力的积极影响更加显著（刘圣明、陈力凡和王思迈，2018）；团队社会分类断裂带水平越高，团队咨询网络密度在谦卑型领导与团队学习氛围之间的中介效应越弱，反之越强（杨陈和唐明凤，2018）；当工作单位结构为有机式结构时，谦卑型领导对员工三种心理需求满足（自主需求满足、能力需求满足、关系需求满足）的正向影响更强，并且通过满足员工能力需求提高任务绩效，通过同时满足三种心理需求提高创新绩效（杨陈等，2018）。最后，团队价值观的影响。在低权力距离价值观的团队中，领导者的谦卑行为和团队信息分享有更强的正相关关系；在高权力距离价值观的团队中，领导者的谦卑行为与心理安全氛围有更强的负相关关系，权力距离调节团队信息分享和心理安全在领导者的谦卑行为和团队创造力之间的中介作用（Hu et al.，2018）。以上研究均在中国组织情境下展开，亟须补充西方组织情境下的相关研究。

1.5.4 谦卑型领导的调节作用

早期就有学者强调，谦卑型领导可能是其他领导行为或特征的有益补充，先前有数个研究关注了谦卑型领导的调节效应。Sousa 和 van Dierendonck（2017）在个体层面上研究得出，道德谦卑与行动驱动的行为是公仆型领导的两个重要方面，对较低职位的领导者来说，当其谦卑程度较低时，较强的行动导向的领导风格可以起到弥补的作用，对高职位的领导者来说，道德谦卑似乎能增强行动导向的领导力的影响。Owens，Wallace 和 Waldman（2015）在团队层面上研究得出，领导者的谦卑可以调节自恋所造成的不良影响，谦卑水平较高的自恋领导者比谦卑水平较低的自恋领导者能赢得更多的下属参与和更高的下属工作绩效。

先前西方组织情境下的研究主要关注谦卑与其他领导特质或者其他领导行为的交互作用对员工行为的影响，而中国组织情境下的研究主要从员工和领导者两个视角关注谦卑的调节作用。

（1）在个体层面，关注员工自身的谦卑行为对员工行为过程的影响。朱静等（2017）以 179 名学生为被试，采用实验的方法，发现了员工谦卑对“权力感—自信—建议寻求”关系的负向调节效应。王晨曦、周禹和范雪灵（2017）基于资源保存理论和压力交互模型研究得出，谦卑和学习目标导向共同调节阻断性压力源和工作—家庭冲突的关系。具体地，当谦卑和学习目标导向均高的时候，阻断性压力源与工作—家庭冲突之间的正向关系最弱；相反，对于谦卑和学习目标导向均低的个体来说，阻断性压力源对工作—家庭冲突的正向影响最强。

（2）在个体层面，关注领导者谦卑行为对员工行为过程的影响。代同亮、雷星晖和陈骋（2018）基于社会学习理论，以 458 名员工为样本研究发现，谦卑型领导有利于改善组织环境，即谦卑型领导程度越高，职场霸凌与员工工作热情的负向关系越弱，谦卑型领导程度越低，职场霸凌与员工工作热情的负向关系越强。单志汶、雷星晖和苏涛永（2016）基于平衡理论，对 294 个员工、576 个同事及 294 个直接领导的配对数据进行实证分析发现：当领导不够谦卑时，逢迎行为对升职性有显著的正向影响，领导—下属关系在其中起着部分中介作用；领导者谦卑会调节领导—下属关系在下属逢迎行为和其升职性之间的中介效应，领导者的谦卑程度越高/

低，领导—下属关系所起的中介作用越弱/强。褚福磊和王蕊（2019）基于自我评价理论，采用间隔时间段的数据收集方法研究发现，资质过剩感显著正向影响心理特权，心理特权在资质过剩感与亲组织不道德行为之间起中介作用，谦卑型领导显著负向调节资质过剩感与心理特权的关系。以上三个研究主要检验了谦卑型领导的负向调节作用。除此之外，陈翼然等（2017）对379份“领导—员工”配对数据进行实证分析发现，谦卑型领导对创新时间压力与员工创造力间的倒U型关系具有显著调节作用，领导越谦卑，创新时间压力与员工创造力的倒U型关系越明显。唐汉瑛和龙立荣（2019）对367对配对数据进行实证分析，研究结果表明：谦卑型领导在员工建言和工作绩效的关系间发挥正向调节作用，接受建言的管理者的谦卑领导程度越高，员工建言对工作绩效的积极影响越强；谦卑型领导在员工建言与组织自尊的关系间发挥正向调节作用，管理者的谦卑领导程度越高，员工建言对组织自尊的积极影响越强。

尽管以上两类研究分别检验了谦卑的正向和负向调节作用，但实质上都在验证谦卑型领导的促进作用，促进正向行为的发生和防止负面行为的过多出现。然而，领导谦卑是管理者层面的一种特征或行为，其在团队层面上与其他领导特质、领导技能或者领导行为的交互对团队行为或个体行为的促进或抑制作用，是更值得关注的。基于以上分析，本书对先前的实证研究模型进行归纳总结，构建了先前谦卑型领导的研究框架，如图1-1所示。

1.5.5 谦卑型领导的前因研究动态

Morris等（2005）在文献综述的基础上提出，高水平的自恋和马基雅维利主义、低自尊、防御性高自尊可以预测低水平的谦卑，而高水平的情绪管理可以预测高水平的谦卑。然而，后续只有零星的实证研究关注了谦卑或谦卑型领导的影响因素。Wang等（2018）基于中国的团队样本发现领导者的增益自我理论（Incremental Self-theory）和关系认同（Relational Identity）是领导者谦卑的重要前因变量。徐小凤和高日光（2016）在个体层面研究得出，越具有宜人性和责任心的领导，更可能是谦卑型领导者。因此，谦卑型领导前因研究还非常缺乏。

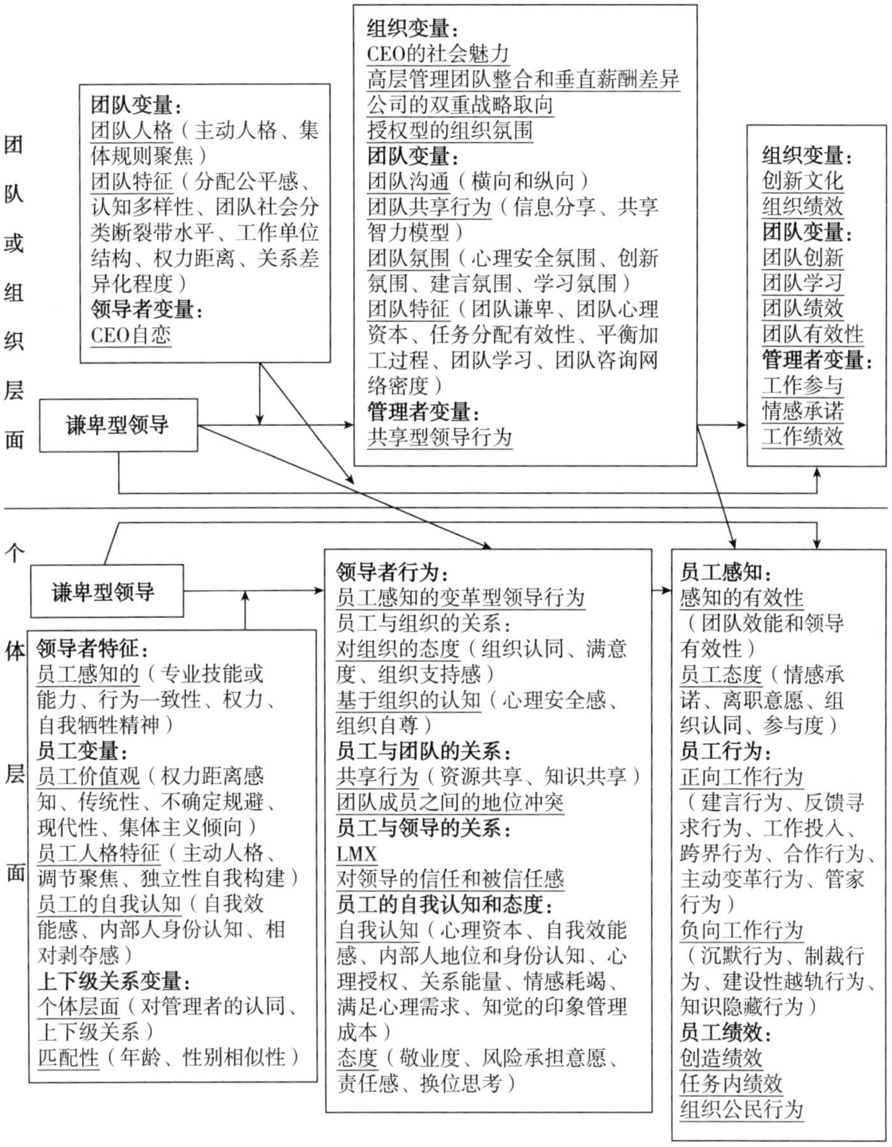

图 1-1 先前谦卑型领导研究的理论框架

1.6 未来展望

Owens 等的团队开展谦卑型领导的研究后，在中西方组织情境下出现了大量谦卑型领导的实证研究，其中以中国组织情境下的研究为主，且个体层面的研究更多，团队层面的研究还不够丰富，组织层面的研究仍很缺乏，表 1-1 从不同方面归纳了谦卑型领导现有研究的不足及未来的研究方向。

表 1-1 谦卑型领导的研究现状及未来的研究方向

分类指标	研究现状	未来方向
研究情境	多数研究基于中国组织的数据	补充西方组织情境下的研究
研究层面	1. 团队层面研究少，个体层面研究多 2. 同层研究多，跨层研究少	1. 增加中国组织情境下的团队层面研究 2. 增加中西方组织情境下的跨层研究
测量工具	采用领导者谦卑量表进行领导行为的测量	结合文化情境开发本土化的谦卑型领导量表
前因研究	仅关注零星的管理者变量	1. 关注组织因素（如学习型组织文化、组织管理方式、组织性质）的影响 2. 关注管理者特征（如价值观、权力等级、社会背景）的影响 3. 关注社会大环境的影响
中介机制研究	1. 更多关注谦卑型领导对追随者个体的影响机制 2. 更多关注谦卑型领导的正面效应及作用机制	1. 关注谦卑型领导影响组织创新或绩效的中介机制 2. 关注团队层面的中介机制研究，可关注团队学习目标导向、团队成员的决策参与度、相互信任、冲突管理模式、集体组织公民行为和团队效能等的中介作用 3. 谦卑型领导行为对领导者自身的影响机制 4. 谦卑型领导的负面效应及中介作用机制

续表

分类指标	研究现状	未来方向
边界条件研究	1. 全面探讨了员工特征对谦卑型领导效应发挥的促进或抑制作用 2. 探讨了部分团队特征的调节作用	1. 关注组织因素或宏观经济因素的调节作用 2. 关注管理者因素，如管理者的权力、层级、胜任力以及正负向人格特征的调节作用 3. 关注管理者与员工的匹配，包括表层匹配和深层匹配
谦卑型领导的调节作用研究	1. 少量研究关注了谦卑与其他领导行为的交互作用 2. 多个研究检验了领导谦卑对员工行为过程的调节作用	系统探讨谦卑型领导与其他领导行为的交互作用
动态研究	采用横截面数据开展静态研究	采用追踪研究方法获得纵向数据，开展动态研究

1.6.1 谦卑型领导的内涵维度和测量工具的开发研究

从2013年Owens等开展第一个谦卑型领导的质化研究至今，学术界并没有开发出真正的谦卑型领导测量工具。组织文化或者国家文化作为一个权变因素，会影响人们对谦卑型领导的知觉和评价，甚至导致人们在不同的文化背景下对谦卑型领导有不同的理解和界定，也可能在很大程度上影响谦卑型领导效用的发挥（Owens & Hekman，2012）。因此，在不同组织情境下澄清谦卑型领导的内涵、编制适合本土文化的谦卑型领导量表势在必行。先前的研究还发现，采用他评方式评价谦卑型领导可能更有效（Ou，2011），因此，在不同文化情境下，从员工感知的角度开发谦卑型领导的测量工具将更有价值。

1.6.2 谦卑型领导的前因研究

Morris等（2005）的领导者谦卑理论模型建立以后，尽管多位学者呼吁应该关注谦卑型领导的前因研究（Owens & Hekman，2012；冯镜铭等，2014；王碧英和杜欠欠，2016；张艳清和张秀娟，2015），但谦卑型领导的前因研究至今仍然很缺乏。先前的零星研究仅从领导者的人格特征以及领导者认知的角度探讨了谦卑型领导的影响因素，未来需要从多个方面来加强前因研究。首先，学习型的组织文化或组织反馈、组织绩效评价等都可能影响管理者谦卑型领导行为的增加。例如，以往的传递效应研究表明，领导者的谦卑是可以通过社会传染或社会认知的改变而传递给其他人的，这说明人们可以通过学习来获得谦卑，各种有利于学习的因素都可能会促使谦卑型领导行为的增加。其次，管理者因素如管理者的价值观、层级、权力、社会背景等可能影响人们对谦卑的看法，从而影响谦卑型领导行为的多少。最后，组织性质或社会环境可能会促使谦卑型领导行为的出现。例如，在科技类企业中，重大科技难题是靠很多人的共同努力来解决的，并且企业所面临的外部环境瞬息万变，领导者的个人力量是很单薄的，这种组织情境更能促使领导者表现出谦卑型领导行为。

1.6.3 谦卑型领导的中介作用机制研究

先前的研究更关注谦卑型领导对员工、团队或组织的影响，而很少关注谦卑型领导行为对管理者自身的影响以及谦卑型领导的负面效应。尽管很多研究表明，谦卑主要是一种正面的特征，但是，我们仍然不清楚谦卑是否会导致较慢的或不够大胆的决策，从而降低公司对快速变化的环境的反应能力（Eisenhardt，1989；Ou，Waldman & Peterson，2018），谦卑的CEO可能无法给一些外部股东留下深刻印象，从而导致这类领导很难获得外部资源（Fanelli & Misangyi，2006）。此外，由图1-1可知，先前团队以上层面的中介机制研究还很受限，研究更多关注谦卑型领导如何影响个体态度和行为，谦卑型领导在团队以上层面的中介机制研究还相对缺乏。谦卑型领导还可能通过影响多种团队状态或过程来影响团队绩效，如影响团队学习目标导向、团队成员的决策参与度、相互信任度、冲突管理模式、集体组织公民行为和团队效能等（Rego et al.，2019）。值得注意的是，谦卑型领导是如何影响组织绩效和组织创新的，目前研究还较少涉及，这也是未来研究的重要方向之一。

1.6.4 谦卑型领导影响效应的边界条件研究

先前有关谦卑型领导的边界条件研究主要关注员工的人格特征、员工的自我认知、员工的价值观、领导者特征、上下级关系以及关系差异化程度、团队人格和团队特征等变量，并且以个体层面的调节机制为主，对团队层面和组织层面的调节机制关注较少，未来需要重点关注多个层面的调节机制研究。

第一，组织因素或宏观经济因素。谦卑可能是一个受限于文化或宏观经济因素的概念（Oc et al., 2015；Owens, Johnson & Mitchell, 2013），在某种组织特征或宏观环境下，员工更需要谦卑型领导。例如，在经济动荡的时候，谦卑型领导可能帮助员工减少脆弱感、更真诚、更少自我消耗，员工可能会把更多的心理资源用于处理关键问题上，并密切关注组织和场景的变化，由此更好地管理他们所面临的不确定性（Oc et al., 2019）。目前，大多数的研究都是在中国组织情境下开展的（Wang et al., 2018），文化因素可能使人们对中国组织中的谦卑型领导和西方组织中的谦卑型领导有不同看法（Carnevale, Huang & Paterson, 2019）。例如，权力距离、集体主义（Hofstede, 1984）和传统性（Spreitzer, Perttula & Xin, 2005）等文化因素可能会影响追随者对领导者谦卑的反应以及内化领导者特征的动机。在低权力距离的文化中，人们和领导者之间是平等的，更容易对领导者的特征进行内化（Daniels & Greguras, 2014；Sue-Chan & Ong, 2002），并与领导者形成亲密的关系（Mao et al., 2019），而在高权力距离文化下，可能会出现不同的情形。因此，未来的研究可以检验文化因素或宏观环境因素是否能调节谦卑型领导与团队或组织结果之间的关系，中国组织情境下的研究结果能否推广到其他文化情境下。

第二，管理者因素。管理者权力、头衔、职位等级、胜任力或者能力可能会影响员工对管理者谦卑行为的看法，例如，这种谦卑是能力强又低调的“锦上添花式”的谦卑，还是能力差不得不低调的“无能无耐式”谦卑，不同的认知会在很大程度上影响员工的心理和行为反应。尽管先前有个别研究关注了管理者技能（李洁、梁巧转和张真真，2018）或能力（袁凌、张磊磊和涂艳红，2018）的调节作用，但仅限于在个体层面上对员工心理资本和组织支持感的影响，还有很多其他的员工心理和行为反应需要关注，如对领导的信任、组织承诺、心理安全感、团队谦卑等。先前的个别研究把谦卑当作领导者的一种特质或行为，关注它与自恋的交互作用（Owens，Wallace & Waldman，2015），未来的研究可以关注其他心理特征或美德与谦卑的交互效应，如勇气和毅力（Rego Cunha & Simpson，2018）、自信（Bharanitharan et al.，2018）、正直和同情（Rego et al.，2017）等正向人格特征，以及自恋、马基雅维利主义、低自尊等负向人格特征与谦卑的交互效应。当组织情境存在伦理问题时，勇气和正直可能会加强谦卑的正向效应，然而，如果谦卑的领导者不能做出保护团队的必要决策时，同情则有可能会削弱谦卑的效应（Rego et al.，2017）。

第三，管理者和员工的匹配因素。管理者和员工匹配会在很大程度上影响谦卑型领导的效用发挥，其中可能包括表层的匹配和深层的匹配。前者主要是人口学的搭配组合，如女性管理者和男性下属，年轻管理者和年长下属。后者主要是管理者和下属之间深层次的一致性（Mao et al.，2019），如在主动人格（Zhang，Wang & Shi，2012）和目标重要性（Colbert et al.，2008）、价值观等方面的一致性。

1.6.5 谦卑型领导与其他领导行为的交互作用研究

谦卑型领导在概念发展之初就被与真诚性领导、公仆型领导以及变革型领导等区分开来，但在已有的实证研究中，仅有个别研究关注了在控制相似领导行为的基础上，谦卑型领导对员工和团队的影响效应。例如，变革型领导、公仆型领导、谦卑型领导可能会同时影响员工认同和主动行为。如果能控制其他领导行为的影响，可能不仅可以在一定程度上排除文化因素对谦卑型领导效应发挥的影响，而且可以排除其他领导行为的影响效应，从而使谦卑型领导行为的研究结论更加准确。谦卑也通常被认为是一种补充性品质，可以使个体发挥自我调节的功能，防止个体的领导行为走向极端，使其他传统的领导行为，如变革型领导（Morris et al.，2005）和魅力型领导（Nielsen et al.，2010）显得更有效，避免其表现出领导行为的阴暗面（Kark，Shamir & Chen，2003）。此外，相关研究认为谦卑可能会存在一定的负面影响，谦卑型领导可能会与其他领导行为产生交互作用，从而防止谦卑型领导负面效应的发生。例如，谦卑的变革型领导可能优于其他类型的领导行为（Wang，Zhang & Jia，2017）。目前来看，以上观点大多为理论假设，后续研究需要进一步检验谦卑型领导与其他领导行为的交互作用，探讨谦卑型领导在不同类型的组织中与哪种领导行为的组合效果更佳。

1.6.6 谦卑型领导的动态研究

先前的研究大多基于个体层面或团队层面的横截面数据，无法很好地证明变量之间的因果关系，更无法获知谦卑型领导对员工态度和行为的动态影响规律。例如，随着员工每天的交互对象的变化和任务目标的不同，谦卑型领导是如何动态影响员工的工作行为和家庭行为的（Oc et al.，2019），还不得而知。此外，谦卑型领导可能会影响领导—成员交互，促使员工不断模仿领导者（Carnevale，Huang & Paterson，2019），出现更多的关系导向的行为，如组织公民行为（Van Dyne & Ellis，2004）、合作行为（Pillutla & Chen，1999）等。因此，后续研究需要在多个时间点、采用不同评价源的数据采集方式，同时关注个体内和个体间水平上谦卑型领导对员工态度和行为的动态影响机制。

参考文献

Avolio，B. J. & Gardner，W. L.（2005）. Authentic leadership development：Getting to the root of positive forms of leadership. *The Leadership Quarterly*，16（3），315-340.

Avolio，B. J.，Gardner，W. L.，Walumba，F. O.，Luthans，F. & May，D. R.（2004）. Unlocking the mask：A look at the process by which authentic leaders impact follower attitudes and behaviors. *The Leadership Quarterly*，15（6），801-823.

Avolio，B. J.，Walumbwa，F. O. & Weber，T. J.（2009）. Leadership：current theories，research，and future directions. *Annual Review of Psychology*，60（6），421-449.

Bharanitharan，K.，Chen，Z.，Bahmannia，S. & Lowe，K.（2018）. Is

leader humility a friend or foe, or both? An attachment theory lens on leader humility and its contradictory outcomes. *Journal of Business Ethics*, (5), 1-15.

Boje, D. M., Rosile, G. A., Durant, R. A. & Luhman, J. T. (2004). Enron spectacles: a critical dramaturgical analysis. *Organization Studies*, 25 (5), 751-774.

Broch, H. (1982). *Die Schlafwandler* (*The sleepwalkers*). Stockholm, Sweden: Alba.

Burns, J. M. (1978). *Leadership*. New York: Harper & Row.

Cameron, K. & Caza, A. (2004). Contributions to the discipline of positive organizational scholarship. *American Behavioral Scientist*, 47 (6), 731-739.

Carnevale, J. B., Huang, L. & Paterson, T. (2019). LMX-differentiation strengthens the prosocial consequences of leader humility: An identification and social exchange perspective. *Journal of Business Research*, (96), 287-296.

Chaterjee, A. & Hambrick, D. (2007). It's all about me: narcissistic chief executive officers and their effects on company strategy and performance. *Administrative Science Quarterly*, 52 (3), 351-386.

Chen, Y., Liu, B., Zhang, L. & Qian, S. (2018). Can leader "humility" spark employee "proactivity"? The mediating role of psychological empowerment. *Leadership & Organization Development Journal*, 39 (3), 326-339.

Chiu, C. C., Owens, B. P. & Tesluk, P. E. (2016). Initiating and utilizing shared leadership in teams: The role of leader humility, team proactive personality, and team performance capability. *Journal of Applied Psychology*, 101 (12), 1705-1720.

Chiu, T. S., Huang, H. J. & Hung, Y. (2012). The influence of humility on leadership: a Chinese and Western review. 2012 International Conference on Economics, *Business and Marketing Management*.

Colbert, A. E., Kristof-Brown, A. L., Bradley, B. H. & Barrick, M. R. (2008). CEO transformational leadership: The role of goal importance congruence in top management teams. *Academy of Management Journal*, (51), 81-96.

Collins, J. (2001a). Level 5 leadership: The triumph of humility and fierce resolve. *Harvard Business Review*, 79 (1), 67-77.

Collins, J. (2001b). *Good to great: Why some companies make the leap and others don't*. New York: Harper Business.

Collins, J. (2009). *How the mighty fall*. New York: Harper Collins.

Comte-Sponville, A. (2001). *A small treatise on the great virtues*. New York: Henry Holt & Company.

Daniels, M. A. & Greguras, G. J. (2014). Exploring the nature of power distance: implications for micro-and macro-level theories, processes, and outcomes. *Journal of Management*, 40 (5), 1202-1229.

Davis, D. E., Worthington Jr, E. L. & Hook, J. N. (2010). Humility: Review of measurement strategies and conceptualization as personality judgment. *Journal of Positive Psychology*, 5 (4), 243-252.

Doty, J. & Gerdes, D. (2000). Humility as a leadership attribute. *Military Review*, 80 (5), 89-90.

Dunning, D. (1995). Trait importance and modifiability as factors influencing self-assessment and self-enhancement motives. *Personality and Social Psychology*, 21 (12), 1297-1306.

Duval, T. S., Silvia, P. J. (2002). Self-awareness, probability of improvement, and the self-serving bias. *Journal of Personality and Social Psychology*, 82 (1), 49-61.

Eisenhardt, K. M. (1989). Agency theory: An assessment and review. *Academy of Management Review*, (14), 57-74.

Emmons, R. A. (1984). Factor analysis and construct validity of Narcissistic Personality Inventory. *Journal of Personality Assessment*, 48 (3), 291-300.

Emmons, R. A. (1999). The psychology of ultimate concerns. New York: Guilford.

Exline, J. J., Geyer, A. (2004). Perceptions of humility: A preliminary study. *Self and Identity*, 3 (2), 95-115.

Fanelli, A. & Misangyi, V. F. (2006). Bringing out charisma: CEO charisma and external stakeholders. *Academy of Management Review*, 31 (4), 1049-1061.

Gergen, K. J. (1968). Personal consistency and the presentation of self. In C. Gordon, K. J. Gergen (Eds.), *The Self in Social Interaction* (pp. 299-308). New York: Wiley.

Goffman, E. (1959). *The presentation of self in everyday life*. Newbury Park, CA: Pine Forge Press.

Gosling, S. D., Ko, S. J., Mannarelli, T. & Morris, M. E. (2002). A room with a cue: Personality judgments based on offices and bedrooms. *Journal of Personality Social Psychology*, 82 (3), 379-398.

Greenleaf, R. K. (1977). *Servant leadership: A journey into the nature of legitimate power and greatness*. New York: Paulist Press.

Hofstede, G. H. (1984). The cultural relativity of the quality of life concept. *Academy of Management Review*, (27), 389-398.

Hu, J., Erdogan, B., Jiang, K., Bauer, T. N. & Liu, S. (2018). Leader humility and team creativity: The role of team information sharing, psychological safety, and power distance. *Journal of Applied Psychology*, 103 (3), 313-323.

Huynh, H. P., Johnson, C. E. & Wehe, H. (2019). Humble coaches and their influence on players and teams: The mediating role of affect-based (but not cognition-based) trust. *Psychological Reports*, (28), 1-19.

John, O. P. & Robins R W. (1993). Determinants of interjudge agreement on personality traits: The Big Five domains, observability, evaluativeness, and the unique perspective of the self. *Journal of Personality*, 61 (4), 521-551.

Kark, R., Shamir, B. & Chen, G. (2003). The two faces of transformational leadership: Empowerment and dependency. *Journal of Applied Psychology*, (88), 246-255.

Kenny, D. A. (1994). *Interpersonal perception: A social relations analysis*. New York: The Guilford Press.

Klein, D. C. (1992). Managing humiliation. *Journal of Primary Prevention*, 12 (3), 255-268.

Knight, P. A. & Nadel, J. I. (1986). Humility revisited: Self-esteem, information search, and policy consistency. *Organizational Behavior and Human Decision Processes*, 38 (2), 196-206.

Knottnerus, J. D., Ulsperger, J. S. Cummins, S. & Osteen, E. (2006). Exposing Enron: Media representations of ritualized deviance in corporate culture. *Crime, Media, Culture: An International Journal*, 2 (2), 177-195.

Langston, C. A. & Cantor, N. (1989). Social anxiety and social constraint:

When making friends is hard. *Journal of Personality and Social Psychology*, 56 (4), 649-661.

Lawrence, P. R. & Nohria, N. (2002). *Driven: How human nature shapes our choices*. San Francisco, CA: Jossey-Bass.

Liden, R. C., Wayne, S. J., Zhao, H. & Henderson, D. (2008). Servant leadership: development of a multidimensional measure and multi - level assessment. *Leadership Quarterly*, 19 (2), 161-177.

Li, M., Zhang, P., Xia, Y., Liu, W. (2017). Shaping the shared mental model: How leader humility helps teams to learn. *Journal of Management & Organization*, 6, 1-19.

Luthans, F. & Avolio, B. (2003). Authentic leadership: a positive development approach. In Cameron, K. S., Dutton, J. E. & Quinn, R. E. (Eds.), *Positive Organizational Scholarship* (pp. 241-258). San Francisco: Berrett-Koehler.

Mao, J., Chiu, C., Owens, B. P., Brown, J. A. & Liao, H. (2019). Growing Followers: Exploring the Effects of Leader Humility on Follower Self-Expansion, Self - Efficacy, and Performance. *Journal of Management*, 56 (2), 343-371.

Means, J. R. & Wilson, G. L. (1990). Humility as a psychotherapeutic formulation. *Counselling Psychology Quarterly*, 3 (2), 211-215.

Mishra, P. (2004). *An end to suffering: The Buddha in the world*. New York: Farrar, Straus and Giroux.

Morris, J. A., Brotheridge, C. M. & Urbanski, J. C. (2005). Bringing humility to leadership: Antecedents and consequences of leader humility. *Human Relations*, 58 (10), 1323-1350.

Murray, A. (2001). *Humility: The journey toward holiness*. Bloomington. MN: Bethany House.

Nielsen, R., Marrone, J. & Slay, H. (2010). A new look at humility: Exploring the humility concept and its role in socialized charismatic leadership. *Journal of Leadership and Organizational Studies*, 17 (1), 33-43.

Nietzsche, F. (1974). *Beyond good and evil: Prelude to a philosophy of the future*. (The complete works of Friedrich Nietzsche, trans. H Zimmerman). New

York: Gordon Press.

Oc, B., Basshur, M. R., Daniels, M. A., Greguras, G. J. & Diefendorff, J. M. (2015). Leader humility in Singapore. *The Leadership Quarterly*, 26 (1), 68-80.

Oc, B., Daniels, M. A., Diefendorff, J. M., Bashshur, M. R. & Greguras, G. J. (2019). Humility breeds authenticity: How authentic leader humility shapes follower vulnerability and felt authenticity. *Organizational Behavior and Human Decision Processes*. Advance Online publication. https://doi.org/10.1016/j.obhdp.2019.04.008.

Ou, A. Y. (2011). *CEO Humility and its relationship with middle manager behaviors and performance: Examining the CEO-middle manager interface*. Phoenix: Arizona State University.

Ou, A. Y., Tsui, A. S., Kinicki, A. J., Waldman, D. A., Xiao, Z. & Song, L. J. (2014). Humble chief executive officers' connections to top management team integration and middle managers' responses. *Administrative Science Quarterly*, 59 (1), 34-72.

Ou, A. Y., Waldman, D. A. & Peterson, S. J. (2018). Do humble CEOs matter? An examination of CEO humility and firm outcomes. *Journal of Management*, 44 (3), 1147-1173.

Owens, B. P. & Hekman, D. R. (2016). How does leader humility influence team performance? Exploring the mechanisms of contagion and collective promotion focus. *Academy of Management Journal*, 59 (3), 1088-1111.

Owens, B. P. & Hekman, D. R. (2012). Modeling how to grow: An inductive examination of humble leader behaviors, contingencies, and outcomes. *Academy of Management Journal*, 55 (4), 787-818.

Owens, B. P. (2009). Humility in organization: Establishing construct, nomological, and predictive validity. In *Academy of management best papers proceedings*. Briarcliff Manor, NY: Academy of Management.

Owens, B. P., Johnson, M. D. & Mitchell, T. R. (2013). Expressed humility in organizations: Implications for performance, teams, and leadership. *Organization Science*, 24 (5), 1517-1538.

Owens, B. P., Wallace, A. S. & Waldman, D. A. (2015). Leader narcissism and follower outcomes: The counterbalancing effect of leader humility. *Journal of Applied Psychology*, 100 (4), 1203-1213.

Pearsall, J. & Trumble, B., (Eds.) (1996). *The Oxford English reference dictionary*, *2nd edn*. Oxford: Oxford University Press.

Peterson, C. & Seligman, M. E. (2004). *Character strengths and virtues: A handbook and classification*. New York: Oxford University Press.

Pillutla, M. M. & Chen, X. -P. (1999). Social norms and cooperation in social dilemmas: The effects of context and feedback. *Organizational Behavior and Human Decision Processes*, 78 (2), 80-103.

Qian, J., Li, X. Song, B., Wang, B., Wang, M., Chang, S. & Xiong, Y. (2019). Leaders' expressed humility and followers' feedback seeking: The mediating effects of perceived image cost and moderating effects of power distance orientation. *Frontiers in Psychology*, (9), 563-572.

Rego, A., e. Cunha, M. & Simpson, A. V. (2018). The perceived impact of Leaders' humility on team effectiveness: An empirical study. *Journal of Business Ethics*, 148 (1), 205-218.

Rego, A., Owens, B., Leal, S., Melo, A. I., Cunha, M. P., Gonçalves, L. & Ribeiro, P. (2017). How leader humility helps teams to be humbler, psychologically stronger, and more effective: a moderated mediation model. *Leadership Quarterly*, (28), 639-658.

Rego, A., Owens, B. P., Yam, K. C., Bluhm, D., Cunha, M. P., Silard, T., Gonçalves, L., Martins, M., Simpson, A. V. & Liu, W. (2019). Leaders' humility and team performance: Exploring the mediating mechanism of team psychological capital and task allocation effectiveness. *Journal of Managemen*, 45 (3), 1009-1033.

Richards, N. (1992). *Humility. Philadelphia*, PA: Temple University Press.

Romanowska, J., Larsson, G. & Theorell, T. (2014). An art-based leadership intervention for enhancement of self-awareness, humility, and leader performance. *Journal of Personnel Psychology*, 13 (2), 97-106.

Rowatt, W. C., Powers, C., Targhetta, V., Comer, J., Kennedy, S. & Labouff, J. (2006). Development and initial validation of an implicit measure of humility relative to arrogance. *Journal of Positive Psychology*, 1 (4), 198-211.

Sandage, S. J. & Wiess, T. W. (2001). Contextualizing models of humility and forgiveness: a reply to gassin. *Journal of Psychology and Theology*, 29 (3), 201-211.

Schneider, D. J. (1969). Tactical self-presentation after success and failure. *Journal of Personality and Social Psychology*, 13, 262-268.

Sendjaya, S. & Sarros, J. C. (2002). Servant leadership: Its origin, development, and application in organizations. *Journal of Leadership and Organizational Studies*, 9 (2), 57-65.

Senge, P. M. (1990). *The fifth discipline*. London: Century Business.

Shamir, B. & Eilam, G. (2005). "What's your story": A life-stories approach to authentic leadership development. *The Leadership Quarterly*, 16 (3), 395-417.

Sousa, M. & van Dierendonck, D. (2017). Servant Leadership and the Effect of the Interaction Between Humility, Action, and Hierarchical Power on Follower Engagement. *Journal of Business Ethics*, 141 (1), 13-25.

Spiegel, J. S. (2003). The moral irony of humility. *Logos: A Journal of Catholic Thought and Culture*, 6 (1), 131-150.

Spreitzer, G. M., Perttula, K. H. & Xin, K. (2005). Traditionality matters: An examination of the effectiveness of transformational leadership in the United States and Taiwan. *Journal of Organizational Behavior*, 26 (3), 205-227.

Stires, L. K. & Jones, E. E. (1969). Modesty versus self-enhancement as alternative forms of ingratiation. *Journal of Experimental Social Psychology*, 5 (2), 172-188.

Sue-Chan, C. & Ong, M. (2002). Goal assignment and performance: assessing the mediating role of goal commitment and self-efficacy and the moderating role of power distance. *Organizational Behavior and Human Decision Processes*, (89), 1140-1161.

Tangney, J. P. (2002). Humility. In C. R. Snyder (Eds.), *Handbook of Positive Psychology* (pp. 411-419). Cary, NC: Oxford University Press.

Tangney, J. P. (2000). Humility: Theoretical perspectives, empirical findings, and directions for future research. *Journal of Social and Clinical Psychology*, 19 (1), 70-82.

Van Dyne, L., & Ellis, J. B. (2004). Job creep: A reactance theory perspective on organizational citizenship behavior as over-fulfillment of obligations. In J. A. M. Coyle-Shapiro, L. M. Shore, M. S. Taylor, & L. E. Tetrick (Eds.), The employment relationship: Examining psychological and contextual perspectives (pp. 181-205). Oxford, UK: Oxford University Press.

Vera, D. & Rodriguez-Lopez, A. (2004). Humility as a source of competitive advantage. *Organizational Dynamics*, 33 (4), 393-408.

Wang, J. Zhang, Z. & Jia, M. (2017). Understanding how leader humility enhances employee creativity: The roles of perspective taking and cognitive reappraisal. *Journal of Applied Behavioral Science*, 53 (1), 5-31.

Wang, L., Owens, B. P., Li, J. J. & Shi, L. (2018). Exploring the affective impact, boundary conditions, and antecedents of leader humility. *Journal of Applied Psychology*, 103 (9), 1019-1038.

Weick, K. E. (2000). Emergent change as a universal in organizations. In M. Beer, N. Nohria (Eds.), *Breaking the code of change* (pp. 223-241). Boston, MA: Harvard Business School Press.

Weick, K. E. (2001). Leadership as the legitimization of doubt. In W. Bennis, G. M. Spreitzer, T. G. Cummings (Eds.), *The future of leadership: Today's top leadership thinkers speak to tomorrow's leaders* (pp. 91-102). San Francisco: Jossey-Bass.

Zhang, H., Ou, A. Y., Tsui, A. S. & Wang, H. (2017). CEO humility, narcissism and firm innovation: a paradox perspective on CEO traits. *Leadership Quarterly*, (28), 585-604.

Zhang, Z., Wang, M. & Shi, J. Q. (2012). Leader-follower congruence in proactive personality and work outcomes: The mediating role of leader-member exchange. *Academy of Management Journal*, (55), 111-130.

蔡地，马金鹏，孙艳，蔡亚华.（2018）. 领导越谦卑，团队越有效？——地位冲突的中介作用. 外国经济与管理，40（7），129-141.

陈翼然，雷星晖，单志汶，苏涛永.（2017）. 谦卑型领导风格对创新的压力——员工创造力曲线关系的调节作用. 科技管理研究，37（1），139-143.

褚福磊，王蕊.（2019）. 资质过剩感与亲组织不道德行为：心理特权与谦卑型领导的作用. 心理科学，42（2），365-371.

代同亮，雷星晖，陈骋.（2018）. 职场霸凌对工作绩效的影响——谦卑领导和工作热情的作用. 预测，37（6），47-53.

代同亮，雷星晖，苏涛永.（2019）. 谦卑领导行为对团队绩效作用机制研究——中国传统价值观嵌入. 科学学与科学技术管理，40（2），165-176.

单志汶，雷星晖，苏涛永.（2016）. 当下属逢迎遭遇谦卑领导. 经济与管理研究，37（9），105-114.

邓志华.（2018）. 个体现代性背景下谦卑型领导对跨界行为的影响. 经济管理，40（9），123-137.

董甜甜，余璇.（2019）. 谦卑型领导对员工管家行为的影响. 山东社会科学，（4），134-138.

冯镜铭，刘善仕，吴坤津.（2018）. 谦卑型领导与下属建言：传统性的调节作用. 科研管理，39（8），120-130.

冯镜铭，刘善仕，吴坤津，王红椿.（2014）. 谦卑型领导研究探析. 外国经济与管理，36（3），38-47.

高日光，李胜兰.（2018）. 真君子还是伪君子：谦卑型领导与行为一致性对员工情感承诺的影响. 当代财经，（12），83-91.

雷星晖，代同亮，苏涛永.（2018）. 谦卑领导与员工离职倾向——相对剥夺感的调节作用. 华东经济管理，32（1），5-11.

雷星晖，单志汶，苏涛永，杨元飞.（2015）. 谦卑型领导行为对员工创造力的影响研究. 管理科学，（2），115-125.

李洁，梁巧转，张真真.（2018）. 谦卑型领导行为与下属离职倾向——第一阶段被调节的中介效应. 软科学，（1），83-86.

廖冰，赵方苏，闫威.（2017）. 谦卑型领导行为、组织公民行为与团队效能关系. 科技进步与对策，34（18），139-145.

刘圣明，陈力凡，王思迈.（2018）. 满招损，谦受益：团队沟通视角下谦卑型领导行为对团队创造力的影响. 心理学报，50（10），1159-1168.

刘新梅，姚进，陈超.（2019）. 谦卑型领导对员工创造力的跨层次影响研究. 软科学，33（5），81-86.

罗瑾琏，花常花，钟竞.（2015）. 谦卑型领导对员工工作绩效和工作满意度的影响研究. 软科学，（10），78-82.

罗云娜，杨高升.（2019）. 谦卑型领导对员工创造力的影响机制. 科技管理研究，39（1），156-161.

倪清，杜鹏程.（2017）. 基于链式中介效应的谦卑型领导与经理人反馈寻求行为关系研究. 管理学报，14（6），823-831.

彭娇子，张亚军，肖小虹.（2016）. 谦卑型领导对员工建言的影响机制研究. 领导科学，（23），41-43.

齐蕾，邢讷，刘冰.（2017）. "上有所好，下必甚焉?"——谦卑领导对员工反馈寻求行为影响机制. 东岳论丛，38（9），167-176.

曲庆，何志婵，梅哲群.（2013）. 谦卑领导行为对领导有效性和员工组织认同影响的实证研究. 中国软科学，（7），101-109.

苏涛永，张瑞，俞梦琦，王胜金.（2017）. 谦卑领导行为与员工个人创新行为：一个被中介的调节模型. 工业工程与管理，22（4），147-155.

唐汉瑛，龙立荣.（2019）. 员工建言促进工作绩效：谦卑领导的调节作用. 管理科学，32（1），91-100.

唐汉瑛，龙立荣，周如意.（2015）. 谦卑领导行为与下属工作投入：有中介的调节模型. 管理科学，（3），77-89.

王碧英，杜欠欠.（2016）. 谦卑型领导的研究述评与未来展望. 中国人力资源开发，（13），28-36.

王晨曦，周禹，范雪灵.（2017）. 阻断性压力源与工作—家庭冲突：谦卑和学习目标导向的调节作用. 中国人力资源开发，（11），78-88.

王富祥.（2018）. 谦卑型领导对员工建言行为的影响——中介和调节综合模型检验. 当代经济管理，40（4），74-79.

王红椿，练玉.（2018）. 谦卑型领导与员工主动变革行为：心理资本的中介作用和独立性自我建构的调节作用. 惠州学院学报，38（1），59-64.

王艳子，白玲，罗瑾琏.（2016）. 谦卑型领导对研发人员创造力的影响机理研究. 外国经济与管理，38（10），76-88，101.

王艳子，罗瑾琏.（2017）. 员工创新行为的激发机理研究：谦卑型领导的视角. 中央财经大学学报，（6），110-118.

王艳子，张莉.（2018）. 员工建设性越轨行为的动力机制：谦卑型领导视角. 科技进步与对策，35（16），137-143.

徐淑英.（2011）. 研究三：谦卑领导的讨论和案例. 管理@人，（5），42-45.

徐小凤，高日光.（2016）. 谦卑型领导的前因与结果：人格与组织政治知觉的作用. 中国人力资源开发，(13)，22-27.

杨陈，唐明凤. (2019). 谦卑型领导与团队学习氛围：被调节的中介模型. 研究与发展管理，31 (1)，132-141.

杨陈，杨付，景熠，唐明凤. (2018). 谦卑型领导如何改善员工绩效：心理需求满足的中介作用和工作单位结构的调节作用. 南开管理评论，21 (2)，121-134，171.

叶龙，王蕊. (2016). 谦卑与领导有效性：变革型领导的中介作用. 经济与管理研究，37 (9)，96-104.

余嘉禾，王碧英. (2017). 谦卑型领导为何能提高员工绩效？领导—成员交换和组织自尊的多重中介作用. 中国人力资源开发，(10)，52-63.

袁凌，易麒，韩进. (2016). 谦卑型领导对下属沉默行为的影响机制研究. 软科学，30 (11)，96-100.

袁凌，张磊磊，涂艳红. (2018). 谦卑型领导与员工知识隐藏曲线关系研究. 软科学，32 (11)，86-88，92.

张军成. (2016). 谦卑型领导对员工建言行为的影响：心理安全感与主动型人格的作用. 商业经济与管理，1 (11)，25-33.

张艳清，张秀娟. (2015). 谦卑研究的前沿探析：基于资源观的企业竞争优势. 商业经济与管理，(1)，27-34.

周琦玮，李倩，钱晓烨. (2017). 谦卑领导行为对团队创新影响的实证研究. 科学学与科学技术管理，38 (9)，159-172.

朱健，李颖凤. (2017). 谦卑型领导对建言行为的影响研究——基于员工对上级信任的中介作用. 湖南财政经济学院学报，(2)，99-107.

朱静，段锦云，黄彩云，田晓明. (2017). 权力感对建议寻求的影响：自信和谦卑的作用. 应用心理学，23 (2)，162-174，192.

祝思敏，王碧英. (2019). 谦卑型领导对员工工作卷入和创新行为的影响——团队氛围的中介作用. 科技管理研究，39 (3)，159-166.

2
谦卑型领导的本土化量表开发

2.1 问题提出

近年来，由领导人的自负、傲慢、权力意识等所造成的公司丑闻被频繁报道，使人们不再盲目崇拜魅力型领袖，转而思考什么样的领导才是引导企业基业长青的人选。综观当前的组织环境，动态性、不确定性以及不可预测性已经成为组织管理面临的常态，仅凭领导者个人的魅力和能力已经很难获得理想的领导效能了。Collins（2001）的研究发现，呈现卓越绩效的公司往往在组织过渡期拥有极度谦卑的第五级经理人，他们具有冷静、谦逊、平和、内敛、不抛头露面等特征。当前比较流行的领导理论如公仆型领导（Greenleaf，1977）、真诚型领导（Avolio & Gardner，2005）以及精神性领导（Fry，2003）等也无不强调领导者表现出谦卑的重要性。因此，把谦卑引入领导力领域已经成为实践界和学术界的共同呼声。

正如本书第一章的文献分析所述，在西方组织情境下，谦卑型领导的内涵大体包括领导者客观认知自己、欣赏下属才能以及开放性。新加坡文化下的研究得出了不同于西方组织的独特维度，这在一定程度上表明，亚洲文化下的构念内涵可能不同于西方文化下的构念内涵。再如，西方文化强调个人主义和人际平等，而中国文化更多地强调集体主义和等级差别，因此，中国组织情境下人们对谦卑型领导的理解和诠释可能会不同。Meindl（1995）提出“追随者中心视角”（Follow-centric Perspectives）理论，该理论认为领导过程及领导效能都是追随者构建的结果，即会受到追随者认知过程的影响。领导行为的作用对象是下属或追随者，因此，领导行为的研究更应该从下属或追随者感知的角度来获取信息。此外，谦卑型领导与公仆型领导、真诚型领导确实具有不同的内涵和特征，例如，谦卑型领导更强调谦卑行为的展现，公仆型领导更强调服务下属和下属利益第一，而真诚型领导更强调高道德标准、公平客观以及真实自我的展现。因此，中国组织情境下的谦卑型领导可能是一个不同于公仆型领导以及真诚型领导的独特概念。基于以上分析，本研究以中国组织员工为样本，从员工感知的视角探讨中国组织情境下谦卑型领导的内涵及结构，并比较谦卑型领导与西方相关概念、公仆型领导、真诚型领导的异同，以期推动中国组织情境下谦卑型领导研究的发展。

目前，国内外学者已经开展了部分谦卑型领导的研究，涉及谦卑型领导的前因研究（Morris，Brotheridge & Urbanski，2005；徐小凤和高日光，2016）、谦卑型领导的影响机制研究（Owens，Johnson & Mitchell，2013；Owens & Wallace，2015；Owens & Hekman，2016；雷星晖等，2015；唐汉瑛、龙立荣和周如意，2015；罗瑾琏、花常花和钟竞，2015），但这些研究大多采用领导者谦卑量表来直接测量谦卑型领导行为，缺乏真正有效的谦卑型领导测量工具。基于以上分析，本研究还将在质化研究的基础上开发谦卑型领导的测量工具，并对量表的信度和效度进行系统的检验，以期获得有效的谦卑型领导测量工具，推动本土化研究的深入开展。

2.2 谦卑型领导的质化研究*

2.2.1 研究方法

2.2.1.1 研究样本

样本取自山东省和江西省南昌市企事业单位的员工，共回收有效问卷68份。其中，男36人，女32人，就年龄来看，所有员工在22~40岁，平均年龄27.8岁，就工作年限来看，工龄为2~19年，平均工龄4.7年。

2.2.1.2 研究程序

第一步，发放问卷、收集资料。数据收集采用开放式问卷调查的形

* 质化研究部分的内容已发表，请参看：李胜兰，王碧英，高日光.（2016）. 中国组织情境下谦卑型领导的概念及结构维度——基于追随者中心视角的质化研究探索. 当代财经，(11)，79-88.

式，开放式问卷的指导语为："谦卑是人们对自己是什么和不是什么的所有认识，可以是一种美德，可以是一种积极的人格特征，也可以是一种客观认识自己和他人，并欣赏所有有价值的东西的能力。在工作场所，您的上司在领导过程中可能也会表现出这种谦卑行为，就您所知，这种领导一般有哪些典型行为特征，请列出8~10条。"除此之外，还要求被调查者在问卷下方写出自己所经历的领导者表现得很谦卑的情境或事件发展过程。问卷采用现场发放现场回收的方式。研究者对收回的问卷一一进行筛选：首先，剔除信息缺失的问卷；其次，剔除作答态度不够认真的问卷，如字迹无法辨认、答案模糊不清，卷面乱涂乱画等；最后，剔除明显不符合谦卑型领导行为特征的问卷，比如像"颜值高"等形容外貌长相类的条目，此类条目在同一问卷中占到1/3左右，这反映出被调查者对谦卑型领导认识不够。经过以上剔除过程，最后获得68份有效问卷。

第二步，信息编码。研究者首先对68份有效问卷依次编号，然后借助Excel表格对问卷进行编码。编码过程主要遵循以下原则：①直接保留表述清晰且含义单一的语句作为有效条目，如"能认真听取他人意见""能接受下属对自己的批评""拿自己的错误当反面教材"等；②修改、拆分或剔除具有多重含义的语句，如"严格要求下属，但私下里没有领导架子"就可拆分成"严格要求下属"和"私下里不摆领导架子"两个条目；③把原始资料中否定的描述编码转换为正向的表述，如将"不敢在公共场合承认自己的错误"转换为"敢于在公共场合承认自己的错误"；④直接删除与谦卑型领导的实质含义不相符，其他领导类型普遍具有的条目，如"出差或出国会带一些小礼品或食品"这一条目与谦卑型领导不太相关，联系不够紧密，直接删除；⑤对于一些描述具体行为事件的语句，归纳提取其主要的含义，如我们将"一次，部门主管因自己的疏忽忘记及时通知下属增加的工作内容，导致不必要的加班，主管一直跟我们说抱歉，并且主动帮我们叫车下班"这一情境提炼为"敢于承认自己的错误"和"为下属着想"。按照上述原则，总共剔除不符合要求或语意模糊不清的语句61条，保留有效语句474条。

第三步，合并同类项。研究采用质化研究的规范做法进行同类项合并，具体包含两个步骤：首先，合并表述完全相同、语义重复的条目，重复的条目只记录频次；其次，合并表述不同但含义相近的条目。经过以上两个步骤，编码结果共提取39个条目。合并同类项后的结果如表2-1所示。

表 2-1　合并同类项后的条目示例

编号	合并后的条目	总频次	重复条目	频次	重复条目	频次	重复条目	频次	重复条目	频次	重复条目
1	主动向下属征集意见	47	工作中主动征求下属意见	18	认真听取下属意见	15	开会时允许下属提意见	2	用讨论的语气与下属交流	1	……
2	对待下属和蔼可亲	37	微笑着与下属交谈	23	行事低调	6	语言温和	4	具有亲和力	3	……
3	主动学习和请教自己不熟悉的业务	31	对不熟悉的事情抱有谨慎学习的态度	15	积极向上，保持学习精神	5	不断学习各种知识	2	不断挑战新的领域	2	……
4	对待下属谦和	28	谦和	24	说话谦虚，很有礼貌	3	对员工抱以谦让的态度	1			
5	工作中不摆领导架子	28	工作中不摆领导架子	17	与下属交流时不会高高在上	3	能与下属平等相处	1	私下里不摆领导架子	1	……
6	对待下属礼貌尊重	28	尊重下属	20	尊重公司资历老的员工	3	礼让下属	1	即使是新下属打招呼，领导也会认真回礼	1	……

注：“频次”代表原始条目中表述完全相同的条目出现的总次数；“总频次”为该列所有原始条目加总的频次。

第四步，维度归纳。为了更加清晰地得出谦卑型领导的内涵，我们还需对所有条目进行归类，具体有三个步骤：①研究者将编码后的表格打印出三份，分发给三位组织行为学博士和硕士；②三位在不了解研究内容的情况下独立对条目进行归类，以防止主观理解影响分类效果，归类时需要注意四点，即归类后的每组条目数量不受限制、一个条目只能归入一类、无法归类的单独放在一边、确定每一组条目的共同概念；③归类完毕后，分别解释归类情况。如果归类结果出现差异，则对自己的归类结果再进行反思与调整，如此反复直到三人得出一致的结果。经过以上归类过程，最终形成谦卑型领导的四个维度：德行榜样、谦卑行为、沉稳睿智、下属导向。其中，“不拘小节”“以集体利益为重”“有自信心”“严格要求下属”等条目因无法归类，且频次较低而被剔除。每个类别的典型条目如表 2-2 所示。

表 2-2 谦卑型领导维度归纳结果的典型条目示例

维度名称	典型条目示例	频次
德行榜样	工作中不摆领导架子	28
	不抢占下属功劳	14
	工作中以身作则	16
	工作中做到以德服人	12
谦卑行为	主动向下属征集意见	47
	主动向下属请教自己不熟悉的业务	31
	对待下属谦和	28
	主动承担失败的责任	21
	敢于承认自己的错误和缺点	12
	欣赏下属的才能和优点	7
	虚心接受下属对自己的指正	5
沉稳睿智	善于与下属进行良好的沟通	22
	工作有原则，踏实严谨	12
	工作中不说大话、务实	6
	具有远见卓识	6
	冷静地处理工作问题	6

续表

维度名称	典型条目示例	频次
下属导向	对待下属和蔼可亲	37
	对待下属礼貌尊重	28
	表扬下属取得的成绩	22
	对下属生活非常关心	31
	合理地指出下属的错误	13
	工作中经常授权给下属	12
	与下属打成一片	12
	给下属提升和自我展现的机会	11
	耐心指导下属工作	5

2.2.2 中国组织情境下谦卑型领导的维度内涵

质化研究得出谦卑型领导包含四个维度，具体内涵如下：

第一个维度是德行榜样，主要是指在工作和日常生活中，谦卑型领导者会在言行举止方面树立良好的道德榜样。该维度包含的典型项目分别是：以身作则、不抢占下属功劳、能够做到以德服人、在工作中不摆领导架子。

第二个维度是谦卑行为，主要是指谦卑型领导者能够客观认识自身的不足，善于与下属进行良好的沟通，并愿意接受下属的新观点、新思路，保持开放性。该维度包含的典型项目分别是：敢于承认自己的错误和缺点、主动承担失败的责任、能够虚心接受下属的指正、主动向下属请教自己不熟悉的业务、能够谦和地对待下属、在做决定之前会主动向下属征求意见、经常表达对下属才能的欣赏。

第三个维度是沉稳睿智，主要是指谦卑型领导者遇事沉着冷静，能够妥善解决工作中出现的问题，拥有一定的领导才能。该维度包含的典型项目分别是：工作中不说大话、做事有原则、遇到问题时能够冷静解决、具有远见卓识。

第四个维度是下属导向，主要是指谦卑型领导者能够真正融入下属群体，设身处地为下属着想，无论是生活上还是工作中，都会做出关怀和培育下属的行为。该维度包含的典型项目分别是：及时表扬取得成绩的下属；在工作中经常授权给下属；经常鼓励下属；对待下属和蔼可亲；即使是新下属主动打招呼，也会认真回礼；对待下属宽容；在空闲时与下属谈论工作之外的事；能与下属打成一片；能合理地指出下属的工作错误；给下属展现自己的机会；不厌其烦地指导下属如何工作；对下属生活非常关心；首先考虑下属利益而非自身利益；主动为下属排忧解难。

从以上研究结果来看，在中国组织情境下，谦卑型领导不只包含领导者对自身的客观认知，对下属的客观认知以及接纳下属的观点和意见，它还有更丰富的构念内涵。

首先，“德行榜样”“谦卑行为”和“沉稳睿智”这三个维度均属于领导者展现的自身的行为特征。其中，“德行榜样”是中国组织情境下谦卑型领导的必备条件，“谦卑行为”充分展示了谦卑型领导的本质特征，“沉稳睿智”使下属更容易对领导者的谦卑行为和领导能力产生信任。其次，“下属导向”是指向下属的行为特征，是谦卑行为的延伸特征。该维度强调管理者要把下属的利益放在首位，在生活上关心下属，在工作上帮助和培养下属，即谦卑型领导应该是打破传统的“以领导者为中心”的上下级关系，构建“以下属为中心”的上下级关系。

2.2.3 中西方组织情境下谦卑型领导内涵的异同比较

西方先前更多是对领导者谦卑行为的内涵和维度进行研究，对谦卑型领导的质化研究目前仅有一项（Owens & Hekman, 2012）。本研究所得的“谦卑行为”的维度和内涵与西方研究所得的“谦卑型领导”的内涵以及“谦卑”的内涵是完全一致的，即不仅强调领导者正确客观地认识自己和下属，而且强调对下属优势和贡献的关注，以及对下属观点的开放性。但除此之外，中国组织情境下的谦卑型领导还表现出更多其他的行为特征，如“德行榜样”“沉稳睿智”以及“下属导向”。与 Oc 等（2015）的领导者谦卑的研究结果相比，中国和新加坡组织情境下均强调领导者对员工的尊重、理解和培养，但新加坡文化不关注领导者的德行、工作才能以及对员工生活的关心。因此，中国组织情境下的谦卑型领导具有特殊的内涵。

2.2.3.1 以德为先

综观西方有关谦卑型领导内涵的研究成果，我们发现西方组织情境下的谦卑型领导研究并没有将德行作为一个独立的维度，但也不能简单地说西方不强调德行层面，西方维度中的客观认知自己以及自我检视本身就是一种德行。然而，中国组织情境下的“德行榜样”维度具有不同于西方的内涵，这种德行不再被限制为工作伦理行为，而是在工作生活的方方面面都要一致体现和履行的德行。本研究所发现的“德行榜样”维度与郑伯壎等（2003）家长式领导维度中的“德行领导”、李超平（2006）变革型领导维度中的“德行垂范”以及王碧英（2014）公仆型领导维度中“品行”的内涵基本一致，均强调领导者在领导过程中要以身示范，以德服人，不摆领导架子，不抢下属功劳。西方组织对岗位职责有明确的说明和要求，往往用制度来约束人们的工作伦理行为，但中国组织往往存在权力集中的现象（张枢盛和陈继祥，2013），制度的不完善导致组织中拥有更多权力的人拥有更多的话语权，人治大于法治成为一种普遍现象，因此，员工往往更希望管理者能拥有较高的职业操守和道德品质，能进行自我约束和管制。其实，中国自古以来就非常强调德行的重要性，从历朝历代的统治者对德的认知，到目前对中国组织管理影响至深的儒家文化对德的诠释，以及中国党政机关对领导干部实施的“官德一票否决制”，都无不反映中国文化对“以德为先”的强调和重视。因此，在中国组织情境下，无论何种领导行为都应首先表现出一种普遍意义上的德行，谦卑型领导更是如此。

2.2.3.2 与领导才能相随共生

谦卑被看作是组织的核心美德之一，可以为工作场所的道德行为奠定基础，并培养正向的工作行为（如额外绩效、利他/亲社会行为）（Owens & Hekman，2012）。例如，谦卑是全世界所有主要宗教的基本信仰，包括佛教、犹太教、基督教、印度教和伊斯兰教，这充分说明谦卑的重要性。哲学家也认为谦卑是一种“元美德”，是其他美德如谅解、勇气、智慧和包容的基础（McCullough，2000）。然而，在中国组织情境下，员工对领导者往往具有某种“刻板印象”，如期许领导者是德才兼备的、有主见有远见、果断自信、有勇有谋等，但很少期待领导者能“低下高贵的头”，做一个像“仆人”那样的谦卑之人。同样强调“谦卑”的公仆型领导概念在提出之初也引发了诸如此类的热议，如人们认为“作为领导的仆人”这个概念本身是一个矛盾的用法，人们很难想象领导者同时扮演领导和仆人两种角色：进行服务的领导者和进行领导的仆人（Liden et al.，2008）。因此，在中国组织情境下，谦卑行为要发挥效用，最好的选择是与领导才能结合使用，即领导者必须要有领导才能，其谦卑行为才不会被认为是低自尊或低下的行为。

2.2.3.3 强调下属导向的行为

先前“以领导者为中心”的领导行为研究大多强调领导者在领导过程中的重要贡献，研究的焦点也聚集在如何改善领导者的影响力。随着信息技术的发展，组织中领导者和员工或追随者的关系不断发生变化，领导有效性单靠管理层很难实现，员工或追随者也逐渐成为领导过程中的“主体”。然而，先前的领导理论更多的是“以组织为中心”的领导理论，更关注组织利益的实现，忽视对员工的关心和培养。因此，从公仆型领导的研究开始，学术界就非常强调“以追随者为导向”的领导行为，如把追随者利益放在首位，对追随者表现出完全利他的服务行为。中国组织情境下的谦卑型领导要做到真正的谦卑，就需要做到甘为人后，把工作重心转移到管理对象员工身上，表现出更多的利于下属成长的行为。尤其是，中国组织情境下“下属导向”不仅仅体现在工作当中，也涉及员工生活的方方面面，这是不同于西方组织情境的独特内容。

2.2.4 与本土化领导概念的内涵比较

依据中西方文献，与谦卑型领导概念比较相近的中国本土领导概念主要有两个，一是王碧英（2014）的公仆型领导概念，二是周蕾蕾（2010）的真诚型领导概念。本研究对中国组织情境下的三个领导概念进行内涵比较，结果如表 2-3 所示。

表 2-3 谦卑型领导与本土化领导概念内涵的异同比较

谦卑型领导	王碧英（2014）的公仆型领导	周蕾蕾（2010）的真诚型领导
德行榜样	品行（以身作则、正直），仁慈（不摆领导架子）	内化道德观（坚持原则、遵守社会公德），诚实不欺（不欺骗作假）
谦卑行为	才干（采纳下属合理化建议、接受新事物）	下属导向（认可下属贡献、征求下属意见），领导特质（了解自己的长处和短处、亲和力），诚实不欺骗（敢于承认错误）

续表

沉稳睿智	才干（善于沟通、工作能力强，有远见）	领导特质（有远见）
下属导向	仁慈（尊重、体谅、与下属打成一片），体贴（办实事、了解下属困难、关心下属生活），育人（帮下属改错、进步和成长，给下属提供发展机会）	下属导向（尊重下属），正直无私（真诚对待、关注下属利益）
其他领导行为的独特维度	品行（为下属利益而放弃个人利益、廉洁奉公），体贴（服务下属、下属利益第一）	内化道德观（言行一致、遵守组织制度、根据价值观做决定），领导特质（激情、创新），正直无私（公平公正）

从表 2-3 可知，就德行榜样维度来看，谦卑型领导与公仆型领导的相似性更多，但与真诚型领导所强调的德的内涵有所区别，前两者强调以身作则、正直、不摆领导架子等，后者更多是强调体现真诚和诚信的相关道德标准，如坚持原则、遵守公德、不欺骗等；就谦卑行为维度来看，谦卑型领导与真诚型领导均强调领导者要清晰地认识自己、承认下属的贡献以及接纳下属的意见等，但公仆型领导仅仅关注采纳下属建议和接受新事物；就沉稳睿智和下属导向维度来看，谦卑型领导与公仆型领导关注的内容基本相同，但真诚型领导仅强调领导者要有远见、尊重下属、真诚对待下属以及关注下属利益；就三类领导的独特维度来看，谦卑型领导更强调领导者向员工学习、员工对领导行为的影响以及冷静客观地处理工作问题，公仆型领导更强调服务下属、廉洁自律以及下属利益第一等，真诚型领导更强调领导者要言行一致、公平公正、遵守组织制度以及根据价值观做决定等。总之，谦卑型领导与公仆型领导的不同更多地体现在谦卑行为方面，与真诚型领导的不同更多体现在德行榜样、沉稳睿智以及下属导向维度，本研究所得的谦卑型领导具有独特的内涵和特征。

2.2.5 对组织管理的启示

正如 Collins 等的研究结果所得，极度谦卑的领导行为已经成为组织保持基业长青的重要影响因素（Collins，2001）。组织环境的动态性、不确定性和不可预测性，使领导者不再是组织管理中的“明星”，在管理层解决所有的管理问题也变得非常困难（Owens & Hekman，2012），因此，领导者需要表现出更多的谦卑型领导行为来激发员工积极参与组织管理。基于质化研究所得结果，中国组织情境下管理者在领导力实践中应该注意以下方面：首先，谦卑型领导者一定要具备较高的德行。德行已经成为各个领域对各类领导行为的基本要求，不仅要求管理者表现出工作伦理行为，而且要求管理者能以德服人。其次，在中国组织情境下，谦卑行为要更好地发挥作用，管理者要同时具备较高的领导才能，即具备较高领导才能的管理者，其谦卑行为才能产生更强的正向影响。最后，管理者要表现出更多的下属导向的行为，做到真正的谦卑，即甘为人后、服务下属、培养下属。

2.3 谦卑型领导的量表开发

2.3.1 研究方法

2.3.1.1 研究样本

本组研究共采用三个样本，样本具体情况如下：

样本 1 为来自山东省以及江西省的企事业单位员工，共发放问卷 750 份，回收有效问卷 624 份，回收有效率为 83.20%。其中，男性 379 人（60.74%），女性 245 人（39.26%）；平均年龄为 28.20 岁，平均工龄为 3.96 年，平均司龄为 2.72 年；最高学历本科以上 486 人（77.88%），本科以下 138 人（22.12%）；就公司性质来看，国企 145 人（23.24%），民企 198 人（31.73%），外企 165 人（26.44%），港澳台资企业 45 人（7.21%），机关或事业单位 54 人（8.65%），其他 17 人（2.72%）；就职位级别来看，管理者 74 人（11.86%），普通员工 550 人（88.14%）；就工作性质来看，从事业务销售 167 人（26.76%），行政人事 154 人（24.68%），生产制造 194 人（31.09%），技术研发 34 人（5.45%），服务工作 42 人（6.73%），其他 33 人（5.29%）。

样本 2 为来自山东省以及深圳市的企事业单位员工，共发放问卷 220 份，回收有效问卷 183 份，回收有效率为 83.20%。其中，男性 98 人（53.55%），女性 85 人（46.45%）；平均年龄为 27.15 岁，平均工龄为 3.38 年，平均司龄为 2.50 年；最高学历本科以上 152 人（83.06%），本科以下 31 人（16.94%）；就公司性质来看，国企 34 人（18.58%），民企 54 人（29.51%），外企 35 人（19.13%），港澳台资企业 15 人（8.20%），机关或事业单位 25 人（13.66%），其他 20 人（10.93%）；就职位级别来看，管理者 13 人（7.10%），普通员工 170 人（92.90%）；就工作性质来看，从事业务销售 23 人（12.57%），行政人事 45 人（24.60%），生产制造 44 人（24.04%），技术研发 30 人（16.39%），服务工作 30 人（16.39%），其他 11 人（6.01%）。

样本 3 为来自江西省企事业单位的 498 对配对样本。在员工样本中，男性 225 人（45.18%），女性 273 人（54.82%），平均年龄为 30.28 岁，平均工龄为 6.88 年，平均司龄为 4.65 年；就公司性质来看，从事业务销售 108 人（21.69%），行政人事 207 人（41.57%），生产制造 66 人（13.25%），技术研发 10 人（2.01%），服务工作 50 人（10.04%），其他 57 人（11.45%）。在管理者样本中，男性 257 人（51.61%），女性 241 人（48.39%），平均年龄为 37.94 岁，平均工龄为 14.83 年，平均司龄为 8.59 年。

2.3.1.2 研究程序

在质化研究的基础上，我们得到了 39 个谦卑型领导的典型行为条目，通过专家小组讨论，去掉或合并了其中某些条目，最终保留了 26 个条目，并将其编制成谦卑型领导的初始量表。接下来，对样本 1 进行问卷调查，所得数据用于谦卑型领导量表的探索性因素分析，然后采用样本 2 的数据对探索性因素分析所得结果进行验证，并检验谦卑型领导量表的预测效度，最后采用样本 3 的数据，在控制其他领导行为的情况下考察谦卑型领导量表的预测效度。样本 1 的员工填写的主要是人口学变量和谦卑型领导初始量表；样本 2 的员工填写的问卷包括人口学变量、谦卑型领导、工作卷入、建言行为和离职意愿；样本 3 主要收集间隔时间段数据，其中领导行为的变量（包括谦卑型领导、公仆型领导、德行领导）由员工评价，在第一阶段进行测量，预测变量（包括情感承诺、离职意愿、角色内绩效、组织公民行为）的数据在第二阶段测量，分别由员工评价其自身的情感承诺和离职意愿，管理者评价员工的角色内绩效和组织公民行为。

2.3.1.3 测量工具

谦卑型领导初始量表：基于前期的质化研究，编制含有26个原始条目的量表，典型项目如“我的上司经常鼓励下属”“我的上司能合理地指出下属的工作错误”等。该量表的Cronbach'α系数为0.960，符合心理测量学的基本要求。

工作卷入：采用Kanungo（1982）开发的工作卷入量表，包括“发生在我身上的最重要的事情包括我现在的工作”“对我来说，工作仅仅是我生活的一小部分”“我对我的工作亲力亲为”等10个项目。该量表的Cronbach'α系数为0.849，符合心理测量学的基本要求。

建言行为：采用Liang（2007）开发的建言行为量表，该量表包含两个维度，分别是抑制性建言和促进性建言，包括“对于可能会影响组织的问题我会主动搜集和提出建议”“我会主动提出有利于组织的新项目”“我会提出建议来改善组织工作流程”等10个项目。该量表的Cronbach's α系数为0.893，符合心理测量学的基本要求。

离职意愿：采用Chen和Francesco（2000）开发的离职意愿量表，包括“我很可能在明年会离职到其他公司工作”“我经常想辞去目前的工作”“我不打算留在这个公司发展自己的事业”等四个项目。该量表的Cronbach's α系数为0.901，符合心理测量学的基本要求。

情感承诺：采用Chen和Francesco（2003）的组织承诺量表，共六个项目，代表性的项目包括“我很乐意在该公司中长期工作，直至退休”“我觉得感情上舍不得离开这家公司”。该问卷的Cronbach's α系数为0.916，满足心理测量学的基本要求。

角色内绩效：采用Williams和Anderson（1991）角色内绩效量表中的四个项目，代表性的项目包括“该下属充分完成了所分配的工作任务”“该下属未能履行基本的工作职责”。该量表的Cronbach's α系数为0.884，满足心理测量学的基本要求。

组织公民行为：采用Podsakoff等（1990）开发的组织公民行为量表，包括两个维度，分别是帮助行为和责任心，各五个项目。帮助行为的代表性项目包括“该下属会帮助那些有繁重工作的同事”“该下属愿意帮助新同事在部门中找到定位”；责任心的代表性项目包括“该下属在工作中不会多休息”“即使无人监督，该下属也能遵守部门和组织的规则条例”。该量表的 Cronbach’s α 系数为 0.914，满足心理测量学的基本要求。

以上量表均采用 Likert5 点量表进行评价作答，其中 1 代表“同意程度很小”，5 代表“同意程度很大”。

2.3.1.4 统计方法

本组研究主要运用 SPSS20.0 和 AMOS20.0 等软件进行数据分析，其中 SPSS20.0 主要用于谦卑型领导量表的探索性因素分析以及预测效度的检验，AMOS20.0 主要用于谦卑型领导量表的验证性因素分析。

2.3.2 探索性因素分析的结果

本研究采用样本 1 的数据对谦卑型领导的结构进行探索性因素分析。首先，进行因素分析的适合性检验。数据分析结果为：数据的 KMO 值为 0.955（远高于最低标准 0.70），Bartlett 球形检验 $\chi^2 = 5750.543$（$p < 0.001$），表明所得数据适合进行探索性因素分析。其次，采用主成分分析法，对所得因素进行 Promax 斜交旋转，提取特征根大于 1 的因素，逐步删除因素负荷值小于 0.40 以及在多个因素上多重负荷值相差小于 0.20 的条目，分析结果如表 2-4 所示。

表 2-4 谦卑型领导量表的探索性因素分析结果（N=624）

测量项目	因素负荷			
	F1	F2	F3	F4
19. 我的上司经常鼓励下属	**0.892**	-0.015	0.044	-0.043
21. 我的上司能合理地指出下属的工作错误	**0.845**	-0.067	0.079	0.022
22. 我的上司会给下属展现自己的机会	**0.770**	0.140	-0.043	0.050
12. 我的上司经常表达对下属才能的欣赏	**0.748**	0.138	-0.047	0.032
25. 我的上司会首先考虑下属利益而非自身利益	0.001	**0.893**	-0.018	0.033
24. 我的上司对下属生活非常关心	0.088	**0.869**	-0.035	-0.010
26. 我的上司主动为下属排忧解难	0.007	**0.823**	0.104	0.029
1. 我的上司在工作中以身作则	-0.094	0.004	**0.975**	-0.061

续表

测量项目	因素负荷			
	F1	F2	F3	F4
2. 我的上司不抢占下属功劳	0.114	-0.025	**0.741**	0.042
3. 我的上司能够做到以德服人	0.108	0.063	**0.720**	0.055
10. 我的上司在做决定之前会主动向下属征求意见	-0.001	-0.025	-0.058	**0.939**
11. 我的上司能够虚心接受下属的指正	0.137	-0.059	0.083	**0.756**
8. 我的上司会主动向下属请教自己不熟悉的业务	-0.073	0.174	0.005	**0.747**
特征根	6.803	6.247	5.513	5.993
解释率%（总解释率为 76.867%）	60.809	6.978	4.769	4.310

注：谦卑型领导的各个维度 F1 为培育、F2 为关怀、F3 为德行、F4 为自谦。

由表 2-4 可知，探索性因素分析共提取了四个特征根大于 1 的因子，并保留了 13 个测量项目，各个项目在相应因素上的负荷值在 0.720～0.975，累积方差解释率为 76.867%，量表具有良好的结构效度。根据各个维度的项目含义，四个维度分别命名为培育、关怀、德行、自谦。本研究还计算了谦卑型领导量表的同质性信度，结果表明培育、关怀、德行、自谦四个维度的 Cronbach's α 系数分别为 0.837、0.862、0.813、0.754，总量表的 Cronbach's α 系数为 0.930，均满足心理测量学的要求，说明量表具有良好的稳定性。

2.3.3 验证性因素分析的结果

我们采用样本 2 的数据进行验证性因素分析，以期验证谦卑型领导维度结构的稳定性。

首先，研究需要关注数据与谦卑型领导结构模型的拟合程度。本研究决定采用χ^2/df、GFI、NFI、IFI、RMSEA 等指标来评价数据与模型的拟合度。根据吴明隆（2007）的观点，χ^2/df 在 1～3 表示模型拟合良好，GFI、AGFI、NFI、IFI 和 CFI 的值应在 0.85 以上，越接近于 1 拟合越好，RMSEA 应在 0.08 以下，越接近于 0 越好。拟合指标的分析结果如表 2-5 所示。

表 2-5 谦卑型领导四维结构的验证性因素分析结果（N=183）

χ^2	df	χ^2/df	GFI	AGFI	RMSEA	NFI	IFI	CFI
113.450	59	1.923	0.913	0.866	0.071	0.921	0.960	0.960

其次，研究还关注每个项目在其所负荷的维度上的因素负荷。依据吴明隆（2007）的观点，因素负荷最好介于 0.50~0.90，因素负荷越大，表明该测量条目被潜在因子所解释的变异越大，也说明该条目能更好地反映潜在因子的特征。具体的分析结果如图 2-1 所示。

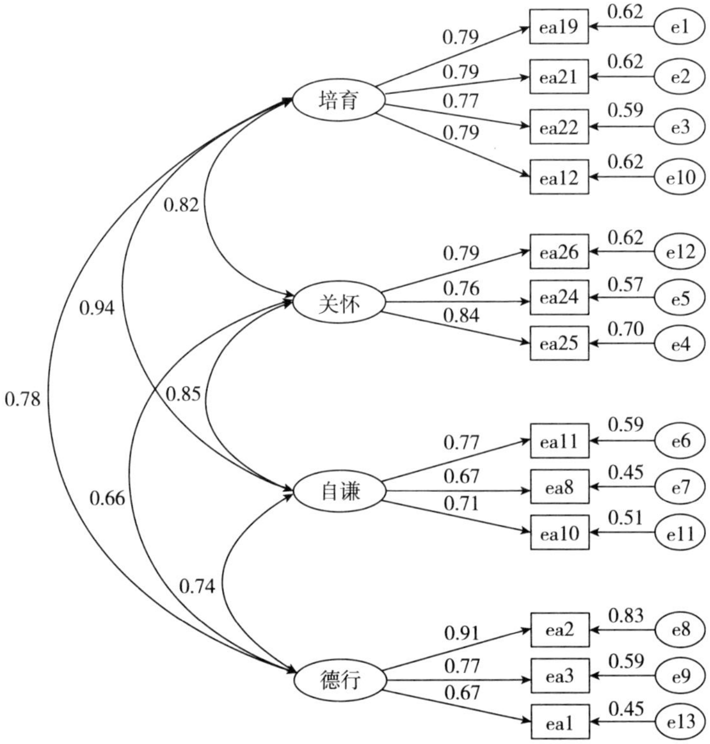

图 2-1 谦卑型领导的因素负荷

由表 2-5 可知，数据与模型拟合较好，其中χ^2/df 为 1.923，介于 1~3，GFI、AGFI、NFI、IFI 和 CFI 都达到了大于 0.85 的基本要求，RMSEA 为 0.071，小于 0.08。以上结果表明，谦卑型领导的结构模型得到了较好的验证。此外，由图 2-1 可知，谦卑型领导各个项目的因素负荷均在 0.60 以上，并且负荷在相应的因子上，表明本研究所开发的谦卑型领导的测量项目能较为充分地代表潜变量的特征，项目质量较高。谦卑型领导四个维度的相关系数在 0.66~0.94，维度之间具有较高的相关性，表明该量表具有良好的聚合效度。

2.3.4 量表的预测效度检验

本研究采用样本 2 的数据对量表的预测效度进行检验，选用的效标变量包括工作卷入、建言行为以及离职意愿三个变量。研究采用逐步回归的数据分析方法，在控制人口学变量影响的情况下，看谦卑型领导对各个效标变量的解释率，研究结果如表 2-6 所示。

表 2-6 谦卑型领导对工作卷入、建言行为以及离职意愿的回归分析结果（N=183）

变量	工作卷入		建言行为		离职意愿	
	第一步	第二步	第一步	第二步	第一步	第二步
第一步：人口学统计学变量						
性别	0.111	0.060	0.120	0.018	0.116	1.609
年龄	-0.074	-0.052	-0.060	-0.071	0.013	0.645
工龄	0.292	0.069	0.264	0.061	0.240	0.109
司龄	-0.234	0.051	-0.292	0.129	-0.318	1.276
最高学历	0.108	-0.079	0.198	-0.143	0.218	-1.335
公司性质	0.079	0.016	0.100	0.030	0.060	-0.489
职位级别	-0.234	-0.019	-0.209	-0.051	-0.184	0.943
工作性质	-0.059	-0.021	-0.101	-0.023	-0.046	0.715
第二步：谦卑型领导						
德行		0.478***		0.453***		-0.465**
自谦		0.546***		0.845***		-0.562***
培育		0.865***		0.768***		-0.765***
关怀		0.351***		0.423***		-0.634***

续表

变量	工作卷入		建言行为		离职意愿	
	第一步	第二步	第一步	第二步	第一步	第二步
第二步：谦卑型领导						
R^2	0. 137	0. 924	0. 121	0. 912	0. 144	0. 946
调整后 R^2	0. 086	0. 919	0. 070	0. 906	0. 094	0. 946
ΔR^2	0. 137	0. 924***	0. 121	0. 912***	0. 144**	0. 946***
ΔF	2. 720	172. 366***	2. 373	146. 410***	2. 884**	250. 588**
F	2. 720	172. 366***	2. 373	146. 410***	2. 884**	250. 588**

注：*** 代表 $p<0.001$，** 代表 $p<0.01$，* 代表 $p<0.05$。

由表 2-6 可知，在控制人口学变量的情况下，谦卑型领导对工作卷入、建言行为以及离职意愿均有额外增加的解释力，能够显著正向地预测工作卷入和建言行为，能够显著负向地预测离职意愿，并且谦卑型领导的四个维度对效标变量的预测力基本相当。因此，谦卑型领导能够很好地预测员工的态度变量和行为变量，该研究所开发的谦卑型领导量表具有良好的预测效度。

同时，本研究还采用样本 3 的数据，从领导行为比较的视角检验谦卑型领导量表的预测效度，即在控制人口学变量和公仆型领导/德行领导的影响后，检验谦卑型领导对效标变量的预测力。所选用的效标变量包括情感承诺、离职意愿、角色内绩效和组织公民行为，分析结果如表 2-7 和表 2-8 所示。

由表 2-7 可知，在控制人口学变量和公仆型领导的情况下，谦卑型领导对情感承诺具有显著的正向影响和额外的预测力，主要是自谦和培育两个维度的作用；谦卑型领导对离职意愿有显著的负向影响和额外的预测力，主要是德行维度的作用；谦卑型领导对角色内绩效有正向影响，各个维度的影响均不显著，但额外的预测力显著；谦卑型领导对组织公民行为有显著的正向影响和额外的预测力，主要是自谦和关怀两个维度的作用。因此，在控制人口学变量和公仆型领导的情况下，谦卑型领导对情感承诺、离职意愿、角色内绩效以及组织公民行为仍然具有额外的解释力，这表明谦卑型领导量表具有良好的预测效度。

表 2-7 谦卑型领导、公仆型领导对情感承诺、离职意愿、角色内绩效、组织公民行为的回归分析结果（N=498）

变量	情感承诺			离职意愿			角色内绩效			组织公民行为		
	第一步	第二步	第三步	第一步	第二步	第三步	第一步	第二步	第三步	第一步	第二步	第三步
第一步：人口统计学变量												
性别	-0.026	-0.031	-0.031	-0.042	-0.042	-0.024	0.169***	0.169***	0.159***	0.032	0.033	0.026
年龄	0.160	0.056	0.074	0.073	0.084	0.034	-0.191	-0.219	-0.195	0.041	-0.002	0.011
工龄	-0.106	-0.062	-0.087	-0.384**	-0.389**	-0.342*	0.181	0.194	0.166	-0.087	-0.068	-0.087
司龄	0.007	0.051	0.061	0.149	0.144	0.140	-0.031	-0.020	-0.005	-0.008	0.008	0.023
企业性质	-0.107*	-0.030*	-0.035	-0.020	-0.027	-0.022	-0.104*	-0.084	-0.093*	-0.092	-0.058	-0.067
第二步：公仆型领导												
		0.574***	0.275***		-0.057	0.244**		0.151***	-0.102		0.252***	0.087
第三步：谦卑型领导												
德行			0.071			-0.315***			0.090			0.023
自谦			0.116*			0.093			0.176			0.175*
关怀			0.042			-0.088			0.166			0.180*
培育			0.166*			-0.108			-0.095			-0.160
R^2	0.020	0.340	0.379	0.048	0.052	0.119	0.046	0.068	0.102	0.012	0.074	0.101
ΔR^2	0.020	0.320***	0.039***	0.048***	0.003	0.068***	0.046**	0.022**	0.034***	0.012	0.062***	0.027*
ΔF	1.765	208.573***	6.789***	4.357***	1.432	8.149***	4.144**	10.245**	3.991***	1.067	28.159***	3.105*
F	1.765	36.940***	26.070***	4.357***	3.873***	5.739***	4.144***	5.235***	4.825***	1.067	5.640***	4.693***

注：*** 代表 $p<0.001$，** 代表 $p<0.01$，* 代表 $p<0.05$。

表 2-8　谦卑型领导、德行领导对情感承诺、离职意愿、角色内绩效、组织公民行为的回归分析结果（N=498）

变量	情感承诺			离职意愿			角色内绩效			组织公民行为		
	第一步	第二步	第三步	第一步	第二步	第三步	第一步	第二步	第三步	第一步	第二步	第三步
第一步：人口统计学变量												
性别	−0. 033	−0. 056	−0. 040	−0. 036	−0. 032	−0. 020	0. 170***	0. 167***	0. 160**	0. 031	0. 028	0. 024
年龄	0. 158	0. 121	0. 101	0. 076	0. 085	0. 060	−0. 190	−0. 199	−0. 203	0. 043	0. 033	0. 023
工龄	−0. 099	−0. 101	−0. 105	−0. 389**	−0. 383**	−0. 368**	0. 173	0. 167	0. 167	−0. 097	−0. 104	−0. 105
司龄	0. 005	0. 023	0. 056	0. 146	0. 140	0. 147	−0. 033	−0. 027	−0. 011	−0. 014	−0. 010	0. 013
企业性质	−0. 098*	−0. 095*	−0. 049	−0. 029	−0. 032	−0. 037	−0. 107*	−0. 104*	−0. 092	−0. 095	−0. 091	−0. 081
第二步：德行领导												
		0. 515***	0. 179**		−0. 184***	−0. 120		0. 176***	0. 034		0. 235***	0. 094
第三步：谦卑型领导												
德行			0. 057			−0. 237**			0. 062			0. 010
自谦			0. 145*			0. 148			0. 154			0. 180*
关怀			0. 081			0. 040			0. 117			0. 174*
培育			0. 209**			−0. 033			−0. 124			−0. 151
R^2	0. 019	0. 283	0. 367	0. 050	0. 084	0. 111	0. 047	0. 078	0. 100	0. 014	0. 070	0. 101
ΔR^2	0. 019	0. 264***	0. 084***	0. 050***	0. 034***	0. 027*	0. 047**	0. 031***	0. 022*	0. 014	0. 055***	0. 032**
ΔF	1. 686	158. 388***	14. 155***	4. 528***	15. 678***	3. 232*	4. 234**	14. 360***	2. 586*	1. 235	24. 914***	3. 649**
F	1. 696	28. 328***	24. 738***	4. 528***	6. 516***	5. 285***	4. 234***	6. 032***	4. 707***	1. 235	5. 240***	4. 683***

注：***代表 $p<0.001$，**代表 $p<0.01$，*代表 $p<0.05$。

由表2-8可知，在控制人口学变量和德行领导的情况下，谦卑型领导对情感承诺具有显著的正向影响和额外的预测力，主要是自谦和培育两个维度的作用；谦卑型领导对离职意愿有显著的负向影响和额外的预测力，主要是德行维度的作用；谦卑型领导对角色内绩效有正向影响，各个维度的影响均不显著，但额外的预测力显著；谦卑型领导对组织公民行为有显著的正向影响和额外的预测力，主要是自谦和关怀两个维度的作用。因此，在控制人口学变量和德行领导的情况下，谦卑型领导对情感承诺、离职意愿、角色内绩效以及组织公民行为仍然具有额外的解释力，这表明谦卑型领导量表具有良好的预测效度。

2.3.5 讨论

本研究所开发的谦卑型领导量表为中国组织情境下的首个量表。在整个量表的开发过程中，我们严格按照量表开发的程序，依次开展了质化研究、量表结构的因素分析以及信度、效度检验等工作。总体来看，第一，谦卑型领导量表具有良好的结构效度和同质性信度。本研究开发的谦卑型领导量表共包含13个条目，探索性因素分析和验证性因素分析均得出四个清晰的维度，即培育、关怀、德行和自谦，并且每个条目的负荷量都在0.5以上，因此，谦卑型领导量表能充分反映谦卑型领导的构念内涵，具有良好的结构效度。总量表的信度在0.90以上，说明量表具有良好的稳定性，并且各个维度高度相关，说明该量表具有良好的聚合效度。第二，谦卑型领导量表具有良好的预测效度。本研究选用员工的工作卷入、建言行为、离职意愿、情感承诺、角色内绩效以及组织公民行为作为预测效标，既包括了正向态度和行为，也包括了负向态度，并且采用两个样本，控制了不同的研究变量来检验谦卑型领导量表的有效性。研究结果发现，谦卑型领导各个维度对工作卷入、离职意愿、情感承诺均具有显著的影响，能较好地预测员工的态度和行为。并且，在控制公仆型领导或德行领导的影响后，谦卑型领导对态度和行为效标变量依然有显著的预测力，说明谦卑型领导是可以与公仆型领导、德行领导等区分开的，具有良好的预测效度。

由于在中国组织情境下，目前几乎没有学者开发谦卑型领导量表，谦卑型领导研究大多采用Owens等（2013）开发的谦卑量表，因此本研究选用谦卑量表进行比较分析。Owens 等（2013）以美国企业员工为样本，通过对 55 位领导者的深入访谈，运用质化研究的方法开发了三个维度、九个项目的谦卑量表，包括“我的上司积极寻求关于问题的反馈，即使是很关键的问题”“我的上司承认自己有时不知道如何做事情”“我的上司认为其他人有时比他拥有更多的知识和技能”“我的上司关注别人的优势”“我的上司经常对别人的优点进行赞赏”“我的上司欣赏别人对组织的独特贡献”“我的上司愿意向他人学习”“我的上司愿意接纳别人的观点”“我的上司愿意接受别人的建议”。从量表条目来看，本研究开发的谦卑型领导量表与 Owens 等的量表具有一定的相似性，均强调领导者承认自己的缺点和错误、欣赏下属的才能和优点、塑造可教性和愿意听取下属的意见和建议，但本量表与 Owens 等的量表也具有以下不同之处：第一，在中国组织情境下，谦卑型领导包含德行的因素，这可能与中西方文化差异有很大关系。西方社会更多靠制度来管理人和约束人的行为，而中国文化更多地靠社会文化所崇尚的德行来约束人们的行为。中国自古就强调领导者要有德行，诸如“为政以德，譬如北辰，据其所而众星共之”“道之以政，齐之以刑，民免而无耻；道之以德，齐之以礼，有耻且格”的古语，中国比比皆是，直至今日，依然影响着人们的工作行为。第二，中国组织情境下的谦卑型领导强调下属导向的行为，主要包括培育和关怀下属。在中国组织情境下，企业的管理者就像一个家庭的家长一样，不仅要关心员工的生活、利益等，还要关注员工的成长和发展问题，因此，管理者不仅与下属之间存在工作关系，而且还存在超越工作关系的一种上下属情谊。因此，本研究所开发的谦卑型领导量表不但体现了西方情境下谦卑的本质特征，而且体现了中国文化所独有的特征。

2.4 研究结论

本研究在中国组织情境下，采用三个组织样本，通过质化研究澄清了谦卑型领导的内涵，并通过因素分析的方法检验了量表的结构效度，通过回归分析的方法检验了量表的预测效度。研究结果表明，本研究所得的谦卑型领导内涵有别于西方组织情境下的相关概念，强调管理者要培育和关怀下属，并且沉稳睿智，具有德行。本研究所开发的谦卑型领导量表包括四个维度，分别是培养、关怀、德行和自谦，而质化研究所得的沉稳睿智这一特征没能得到验证。多个研究结果均表明，谦卑型领导量表具有良好的同质性信度、结构效度、聚合效度以及预测效度。该研究在一定程度上填补了中国组织情境下谦卑型领导量表的空白，为学术界开展大量的谦卑型领导研究提供了相对可靠的测量工具。同时，该研究也为实践界招聘、培训和考核管理者提供了理论基础和测量工具，有助于企业更好地识别和培育谦卑型领导行为，营造谦卑型文化。

参考文献

Avolio, B. J. & Gardner, W. L. (2005). Authentic leadership development: Getting to the root of positive forms of leadership. *The Leadership Quarterly*, 16 (3), 315-340.

Chen, Z. X. & Francesco, A. M. (2000). Employee demography, organizational commitment and turnover intentions in China: Do cultural differences matter?. *Human Relations*, 53 (6), 869-887.

Chen, Z. X. & Francesco, A. M. (2003). The relationship between the three components of commitment and employee performance in China. *Journal of Vocational Behavior*, (62), 490-510.

Collins, J. (2001). Level 5 leadership: The triumph of humility and fierce resolve. *Harvard Business Review*, 79 (1), 67-77.

Fry, L. W. (2003). Toward a theory of spiritual leadership. *The Leadership Quarterly*, 14 (6), 693-727.

Greenleaf, R. K. (1977). *Servant leadership: A journey into the nature of legitimate power and greatness*. New York: Paulist Press.

Kanungo, R. N. (1982). Measurement of job and work involvement. *Journal of Applied Psychology*, 67 (3), 341-349.

Liang, J. (2007). *Voice behavior in organizations: scale development, psychological mechanisms, and cross-level modeling*. Hong Kong: Hong Kong University of Science and Technology.

Liden, R. C., Wayne, S. J., Zhao, H. & Henderson, D. (2008). Servant leadership: development of a multidimensional measure and multi-level assessment. *Leadership Quarterly*, 19 (2), 161-177.

McCullough, M. E. (2000). Forgiveness as a human strength: Theory, measurement, and links to well - being. *Journal of Social and Clinical Psychology*, 19 (1), 43-55.

Meindl, J. R. (1995). The romance of leadership as a follower-centric theory: A social constructionist approach. *The Leadership Quarterly*, 6 (3), 329-341.

Morris, J. A., Brotheridge, C. M. & Urbanski, J. C. (2005). Bringing humility to leadership: Antecedents and consequences of leader humility. *Human Relations*, 58 (10), 1323-1350.

Oc, B., Basshur, M. R., Daniels, M. A., Greguras, G. J. & Diefendorff, J. M. (2015). Leader humility in Singapore. *The Leadership Quarterly*, 26 (1), 68-80.

Owens, B. P. & Hekman, D. R. (2016). How does leader humility influence team performance? Exploring the mechanisms of contagion and collective promotion focus. *Academy of Management Journal*, 59 (3), 1088-1111.

Owens, B. P. & Hekman, D. R. (2012). Modeling how to grow: An inductive examination of humble leader behaviors, contingencies, and outcomes. *Academy of Management Journal*, 55 (4), 787-818.

Owens, B. P., Johnson, M. D. & Mitchell, T. R. (2013). Expressed humility in organizations: Implications for performance, teams, and leadership. *Organization Science*, 24 (5), 1517-1538.

Owens, B. P., Wallace, A. S. & Waldman, D. A. (2015). Leader narcissism and follower outcomes: The counterbalancing effect of leader humility. *Journal of Applied Psychology*, 100 (4), 1203-1213.

Podsakoff, P. M., MacKenzie, S. B, Moorman R. H. & Fetter, R. (1990). Transformational leader behaviors and their effects on followers' trust in leader, satisfaction, and organizational citizenship behaviors. *Leadership Quarterly*, 1 (2), 107-142.

Williams, L. J. & Anderson, S. E. (1991). Job satisfaction and organizational commitment as predictors of organizational citizenship and in - role behaviors. *Journal of Management*, 17 (3), 601-617.

雷星晖，单志汶，苏涛永，杨元飞 . (2015). 谦卑型领导行为对员工创造力的影响研究. 管理科学，(2)，115-125.

李超平. (2006). 变革型领导：中国情景下的实证研究. 北京：新华出版社.

罗瑾琏，花常花，钟竞. (2015). 谦卑型领导对员工工作绩效和工作满意度的影响研究. 软科学，(10)，78-82.

唐汉瑛，龙立荣，周如意. (2015). 谦卑领导行为与下属工作投入：有中介的调节模型. 管理科学，(3)，77-89.

王碧英. (2014). 中国组织情境下公仆型领导的有效性研究. 北京：经济管理出版社.

吴明隆. (2007). 结构方程模型 AMOS 的操作与应用. 台北：五南图书出版公司.

徐小凤，高日光 . (2016). 谦卑型领导的前因与结果：人格与组织政治知觉的作用. 中国人力资源开发，(13)，22-27.

张枢盛，陈继祥. (2013). 中国情境下的关系研究——基于文化的视角. 浙江工商大学学报，(2)，76-82.

郑伯壎，周丽芳，黄敏萍，樊景立，彭泗清. (2003). 家长式领导的三元模式：中国大陆企业组织的证据. 本土心理学研究，(20)，209-280.

周蕾蕾. (2010). 企业诚信领导对员工组织公民行为影响研究. 武汉：武汉大学.

3 谦卑型领导对角色内绩效、组织公民行为的跨层影响

3.1 问题提出

目前，国内外学者开展了大量的谦卑型领导效应研究，包括团队层面（Owens & Hekman，2016；Rego et al.，2019；雷星晖、代同亮和苏涛永，2018）和个体层面（冯镜铭、刘善仕和吴坤津，2018；高日光和李胜兰，2018）的研究。在个体层面，研究更多关注谦卑型领导对员工创新行为（罗云娜和杨高升，2019；苏涛永等，2017；王艳子和罗瑾琏，2017;）、建言行为（彭娇子、张亚军和肖小虹，2016；王富祥，2018；张军成，2016；朱健和李颖凤，2017）以及反馈搜寻行为（倪清和杜鹏程，2017；齐蕾、邢讷和刘冰，2017）的影响。角色内绩效和组织公民行为是提升组织绩效必不可少的两类基本行为，但先前的研究还较少系统地探讨谦卑型领导与角色内绩效及组织公民行为的关系。此外，先前的研究只关注了谦卑型领导对团队有效性的影响，以及个体感知的谦卑型领导对员工个体的影响，可谦卑型领导是员工集体感知的一种领导行为，更应该作为团队层面的变量，因此，探讨团队层面的谦卑型领导对员工个体绩效的跨层影响效应非常有价值。尤其是，以往研究发现管理者的胜任力可能是影响谦卑型领导效应发挥的一个重要调节变量（Owens & Hekman，2012；李洁、梁巧转和张真真，2018），谦卑型领导者与下属之间频繁的高质量互动，也会促使下属建立对组织的情感承诺（高日光和李胜兰，2018），并由此影响员工绩效。因此，本研究主要关注谦卑型领导是否可以改变员工对组织

的态度，即提升员工对组织的情感承诺，从而改善员工的角色内绩效和组织公民行为，并探讨主管胜任力是否在其中起调节作用。

3.2 研究假设

3.2.1 谦卑型领导与角色内绩效和组织公民行为

角色内绩效和组织公民行为是组织得以为继的两种重要工作行为，前者是组织正式要求和考核的一种工作行为，能保证基本工作任务的完成，后者是组织没有正式界定或明确承认的员工自发表现的主动工作行为，能促进更多组织事务的顺利开展和有序地进行。Owen 和 Hekman（2012）提出谦卑型领导具有三个重要特征，即管理者认识到自身的错误和不足、认可员工的优势和贡献、对新思想和新观点保持开放的态度。通过承认错误和不足，谦卑型领导向员工传递一种事实，即管理者在工作中也可能有疏忽或犯错的时候，他们乐于接受下属的监督以及建议，以保证组织决策更加有效。正如有关学者所言，谦卑型领导是有关管理者自我超越以及成长的领导行为（Owens & Hekman，2016），谦卑型领导者的这种姿态会感染下属，使下属更愿意在工作中进行积极的思考和自我提升，从而可能表现出更高的角色内绩效。谦卑型领导者接受下属的不足，允许下属犯错误和在错误中不断进步，同时认可员工的优势和贡献，能增加员工对工作的热情和信心，也能促使员工表现出更好的角色内绩效。

谦卑型领导高度的开放性使管理者与下属有更多高质量的互动，在此过程中，他们接受员工在工作中的错误，并且鼓励和帮助员工不断改进和完善，也接受员工的建议和新观点，鼓励员工多发表意见来帮助自身不断成长。因此，谦卑型领导者的言传身教以及鼓励诱导，会促使员工更积极和主动地思考组织问题，更热心地去参与组织事务，表现出更多的组织公民行为。此外，谦卑型领导者认可下属的优势和贡献，使下属感知到自身在组织中的重要性（佘嘉禾和王碧英，2017），能促使下属更多地从事有利于组织的组织公民行为，如帮助同事、更积极地加班和维护组织等。

先前的个别研究关注了谦卑型领导对员工角色内绩效和组织公民行为的影响过程。例如，Mao 等（2019）基于 256 对领导—员工配对数据研究发现，领导者谦卑激发成员的自我膨胀，这种心理变化能增强成员的自我效能感，并最终影响员工的任务绩效。Wang 等（2018）基于 211 个两阶段的上下属配对数据和 85 个团队的领导—员工配对数据得出，谦卑型领导能够增加员工的关系能量、减少员工的情感耗，进而影响员工的任务绩效。然而，杨陈等（2018）基于 206 份主管与员工的匹配数据发现，谦卑型领导可以直接影响员工的任务绩效，也可以通过满足员工能力需求间接提高任务绩效。同样，有关谦卑型领导对组织公民行为的影响也得出了不一致的结论。例如，Carnevale，Huang 和 Paterson（2019）基于 233 名员工和 45 名监督经理间隔三周的三个时间点的数据，得出谦卑的领导者会通过增加员工对领导的认同从而间接正向地影响追随者的帮助行为。廖冰、赵方苏和闫威（2017）的研究发现，领导开门纳言、欣赏他人对组织公民行为有直接的显著正向影响。

很明显，以上研究结论并没有清楚地表明谦卑型领导是直接还是间接地影响员工的角色内绩效和组织公民行为。除了上述中介机制，还可能有其他的中介变量如情感承诺在起作用，也有可能在某些条件下谦卑型领导更能促进两种行为的产生。例如，先前的研究发现，当员工知觉到领导者具有更高的权力时（Wang et al.，2018）、当上下属的年龄和性别趋同时（Mao et al.，2019）、当工作单位结构为有机式结构时（杨陈等，2018），谦卑型领导通过中介变量对任务绩效的影响更强。此外，LMX 差异也会影响谦卑型领导与帮助行为的关系（Carnevale et al.，2019），在高 LMX 差异的情况下，领导者谦卑通过员工对领导者的认同正向影响追随者的帮助行为。然而，先前的研究却忽视了领导者自身因素对谦卑型领导效应的影响，如谦卑和胜任力的交互作用。学术界一直对谦卑型领导有争议，认为这种领导行为使管理者自身的缺陷显露无遗，可能会使下属对管理者产生怀疑，尤其是可能对管理者的能力和权威性产生怀疑。有学者提出，谦卑型领导的作用效果还取决于管理者的才能，管理者的胜任力越强，谦卑型领导的作用效果越好（Owens & Hekman，2012），而管理者的胜任力越差，下属更不易接受管理者的影响，谦卑型领导行为的风险就越大。因此，谦卑型领导的效用发挥还可能取决于管理者的胜任力等情境因素。

3.2.2 谦卑型领导对情感承诺的影响

情感承诺是员工由于情感因素而卷入组织以及参加组织社会交往的程度（Meyer & Allen, 1984）。员工的情感承诺主要受四种因素的影响，即员工的个体特征和经历、组织结构、工作特性以及领导因素（Su, Baird & Blair, 2009）。管理者作为组织的代理人，其行为可能是情感承诺的关键影响因素。基于社会交换理论，员工在与组织互动的过程中，会基于互惠原则偿还从组织代理人那里得到的任何益处，这种偿还的形式有很多，可能是有形的，如提供组织所需信息和服务，也可能是无形的，如增加对组织的认同和承诺。谦卑型领导者可以从很多方面促使员工产生情感承诺。首先，谦卑型领导者欣赏员工的优势和贡献，看重每个员工的价值，最大限度地满足员工“获得认可”的心理需求，从而使员工对组织产生“家一样”的归属感，并想继续留在组织中效劳。其次，谦卑型领导者容忍员工的错误，接受员工的建议和看法，和员工保持平等的沟通和交流，会促使管理者与下属以及同事之间进行更高质量的交互，并由此培育出下属与上司以及同事之间深厚的工作友谊，从而增加下属对组织的情感承诺。最后，谦卑型领导者对员工授权和提供支持也有利于情感承诺的提升。谦卑型领导者充分相信每个员工在工作中大胆授权，可使员工体会到更多的信任与自由，从而有利于情感承诺的增加（Liu, Chiu & Fellows, 2007）。同时，谦卑型领导者帮助员工产生小而持续的改变和进步，给予员工更多的组织支持，这种组织支持恰恰是情感承诺的重要来源（Choi, 2015）。基于以上分析，本研究提出以下理论假设：

假设 1：谦卑型领导对员工的情感承诺具有正向影响。

3.2.3 员工情感承诺的中介作用

本研究打算进一步关注谦卑型领导的远端结果，即谦卑型领导通过情感承诺影响员工的角色内绩效和组织公民行为。先前谦卑型领导的研究已经表明，下属会模仿谦卑型领导者超越自我、持续成长以及支持性和合作性的工作行为。例如，谦卑型领导者注重超越自我和个人的不断成长，由此会更认可员工的优势和技能（Owens et al., 2013），更乐于向员工学习和帮助员工进步。这一示范过程能最大限度地满足员工的尊重需求，使员工充分感知到自身在组织中的重要价值，并与领导和同事建立高质量的互动，增加员工对组织的情感承诺。同时，这种示范作用会在组织里面营造一种相互学习和支持的氛围，促使员工也主动向他人学习和支持他人，从而不断提高角色内绩效和激发员工主动地展现亲组织的工作行为（Owens & Hekman，2016）。

高情感承诺意味着个体对组织具有深厚的感情和强烈的归属感，他们会更认同自己所在的组织，并由此更多地考虑组织需要什么而非自身利益（Meyer & Allen，1991）。谦卑型的管理者作为组织的代理人，给员工传达了组织更看重什么的信息，如谦卑型领导者强调接纳和欣赏他人、帮助和支持他人、不断超越和进步（Owens & Hekman，2012），则会使下属与管理者产生同样的价值观和目标，即不断增加对组织发展至关重要的角色内绩效和组织公民行为。先前的研究确实发现，谦卑型领导确实会促使团队成员更加谦卑，并最终提升团队绩效（Owens & Hekman，2016）。基于以上分析，本研究提出以下理论假设：

假设 2a：谦卑型领导对角色内绩效的间接正向影响经由情感承诺的中介作用。

假设 2b：谦卑型领导对组织公民行为的间接正向影响经由情感承诺的中介作用。

3.2.4 主管胜任力的调节作用

谦卑型领导强调管理者要客观认知自我，承认自己的局限，从而对来自外界的建议持开放性的态度，但是 Exline 和 Geyer（2004）指出，如果个体的优势不够明显，则公开显示自身的缺陷是很有风险的。无论在何种组织文化下，管理者职位都意味着高能力、高贡献和高威信，如果管理者仅仅展现谦卑行为，却没有很好的胜任力，则下属会对管理者甚至企业产生怀疑，管理者也难以在下属中间产生威信，更难以影响下属的工作行为，甚至导致员工对管理者的谦卑进行过分的负面评价，即“无能式”的谦卑。相反，如果管理者胜任力很强又很谦卑，则管理者不仅会因为胜任力强而在下属中间产生威信，而且会因为谦卑在下属中间产生良好的声誉，从而使员工对管理者的谦卑产生更加正面的评价，即“真谦卑”，也更容易影响下属的工作行为。Owens 和 Hekman（2012）的质化研究也发现，谦卑型领导行为并不总是有效的，其中一类权变因素就是领导者特质，如领导者越有能力，表现出的领导行为越真诚，那么谦卑型领导行为所产生的影响结果就越好。相反，领导者如果没有能力，只能让员工产生一种不好的印象并认为领导者无能。

“真谦卑”会促使员工模仿管理者的行为，或者按照管理者和组织的期待表现出更多的利组织行为，而“假谦卑”只会更加彰显领导者的无能，引起员工的反感和失望，无法帮助管理者来影响员工的工作行为，即工作绩效和组织公民行为在这种情况下不会因为领导者谦卑而得以提升。基于以上分析，本研究提出以下理论假设：

假设 3a：主管胜任力调节谦卑型领导与员工绩效之间的正向关系，即主管胜任力水平越高，谦卑型领导对员工绩效的正向影响越强，反之越弱。

假设 3b：主管胜任力调节谦卑型领导与组织公民行为之间的正向关系，即主管胜任力水平越高，谦卑型领导对组织公民行为的正向影响越强，反之越弱。

3.3 研究方法

3.3.1 研究样本

本研究采用管理者—员工配对问卷形式进行调查，即一名管理者和三名下属组成一个团队来完成一套问卷。共发放团队问卷 100 套，回收团队问卷 87 套，去掉数据不全、管理者—员工不配对、填写不认真的问卷，最终得到有效团队问卷 61 套，回收有效率为 70.11%，样本主要来自山东省、江西省南昌市、上海市、广东省深圳市等地区的企事业单位，具体的人口统计学变量如表 3-1 所示。

表 3-1 样本特征的描述性统计结果

变量	类别	领导		员工	
		人数	百分比（%）	人数	百分比（%）
性别	男	31	50.82	87	47.54
	女	30	49.18	96	52.46
年龄	20 岁及以下	0	0	2	1.09
	21～30 岁	7	11.48	165	90.16
	31～40 岁	42	68.85	16	8.74
	41～50 岁	10	16.39	2	1.09
	51～60 岁	2	3.28	0	0
工龄	1 年以下	0	0	1	0.55
	1～5 年	4	6.56	158	86.34
	6～10 年	24	39.34	22	12.02
	11～15 年	33	54.10	4	2.19
司龄	1 年以下	0	0	3	01.64
	1～5 年	14	22.95	173	94.54
	6～10 年	39	63.93	9	04.92
	11～15 年	8	13.11	0	0
最高学历	高中及以下	3	4.92	5	2.73
	专科	5	8.20	23	12.57
	本科	51	83.61	149	81.42
	硕士及以上	2	3.28	8	4.37
公司性质	国企	9	14.75	27	14.75
	民企	29	47.54	87	47.54
	外企	13	21.31	54	29.51
	港/澳/台资企业	1	1.64	3	01.64
	机关或事业单位	2	3.28	6	3.28
	其他	2	3.28	6	3.28

续表

变量	类别	领导		员工	
		人数	百分比（%）	人数	百分比（%）
职位级别	高层管理人员	5	8.20	0	0
	部门（正/副）经理	49	80.33	1	0.55
	主管/主办	8	13.11	14	7.65
	其他	0	0	168	91.80
工作性质	业务销售	13	21.31	39	21.31
	行政管理	12	19.67	36	19.67
	生产制造	21	34.43	63	34.43
	技术研发	9	14.75	27	14.75
	服务工作	7	11.48	21	11.48
	其他	0	0	0	0

注：共61个团队样本，每个团队有一名直接上司和三名直接下属，共61名上司及183名下属。

3.3.2 研究程序

本研究采用团队样本，每个团队包括三名下属和一名直接上司，其中直接上司填写“管理者问卷”，主要评价三名下属的角色内绩效和组织公民行为，三名下属填写“员工问卷”，主要评价上司的谦卑型领导水平、主管胜任力，并对自己的情感承诺程度进行自评。

3.3.3 测量工具

谦卑型领导量表：采用第二章所开发的13个项目的谦卑型领导量表，典型项目包括“我的上司经常鼓励下属”“我的上司能合理地指出下属的工作错误”等。该量表的Cronbach's α 系数为0.929，符合心理测量学的基本要求。

情感承诺：采用Chen和Francesco（2003）编制的组织承诺问卷中的

情感承诺分量表，共六个项目，代表性项目包括“我很乐意在该公司中长期工作，直至退休”“我确实觉得该公司所面临的问题就是我自己所面临的问题”“我觉得感情上舍不得离开这家公司”。该量表的 Cronbach's α 系数为 0.888，符合心理测量学的基本要求。

主管胜任力：采用 Mayer 和 Davis（1999）开发的主管胜任力量表，共六个项目，典型项目包括“我的上司在开展工作方面具有很强的能力”“我的上司总能成功地做好他试图做的所有事情”“我的上司具有工作所需的很多知识”。该量表的 Cronbach's α 系数为 0.919，符合心理测量学的基本要求。

角色内绩效：采用 Williams 和 Anderson（1991）开发的角色内绩效量表中的四个项目，代表性项目包括“该下属充分地完成所分配的工作任务”“该下属履行工作描述（职位说明书）中所规定的职责”。该量表的 Cronbach's α 系数为 0.835，符合心理测量学的基本要求。

组织公民行为：采用 Podsakoff 等（1990）开发的组织公民行为量表，包含两个维度，分别是帮助行为和责任心，每个维度各五个项目，代表性的项目包括“该下属乐意帮助缺席的并重回工作岗位的同事”“该下属会帮助那些有繁重工作的同事”“该下属的工作出勤比其他员工的工作出勤要好”。该量表的 Cronbach's α 系数为 0.885，符合心理测量学的基本要求。

以上量表均采用 Likert 5 点量表进行评价，其中 1 代表“同意程度很小”，5 代表“同意程度很大”。

3.3.4 统计方法

本研究首先采用 Amos20.0 对谦卑型领导、主管胜任力、情感承诺、角色内绩效和组织公民行为进行验证性因素分析，检验测量工具的区分效度，然后采用 SPSS20.0 进行变量描述性统计，并对团队层面变量的 ICC（1）和 ICC（2）以及 R_{wg} 进行检验，最后采用 Mplus7.0 进行调节中介效应的检验。

3.4 研究结果

3.4.1 测量工具的区分效度检验

为了更好地检验各个变量是否能够区分开，我们首先采用 Amos20.0 检验三个不同模型的拟合指数，并对模型的拟合指数进行比较，从而验证测量工具的区分效度，结果如表 3-2 所示。

表 3-2 谦卑型领导、主管胜任力、情感承诺、角色内绩效和组织公民行为的区分效度检验结果

模型	χ^2	df	χ^2/df	GFI	NFI	RMSEA	IFI	CFI
一因素模型	131.934	5	26.387	0.765	0.602	0.373	0.611	0.605
四因素模型	685.080	318	2.154	0.787	0.803	0.080	0.884	0.883
五因素模型	**679.540**	**616**	**1.103**	**0.851**	**0.867**	**0.024**	**0.986**	**0.985**

注：在一因素模型中，谦卑型领导、情感承诺、主管胜任力、角色内绩效、组织公民行为合并为一个变量；在四因素模型中，角色内绩效、组织公民行为合并为一个变量；在五因素模型中，谦卑型领导、情感承诺、主管胜任力、角色内绩效和组织公民行为各为独立变量。

由表 3-2 可知，一因素模型（所有变量负荷到一个因素上）的拟合指数较差，数值甚至都未达到基本要求，而五因素模型（所有变量都为独立变量）的拟合指数最好，远远超过一因素模型和四因素模型，说明本研究所选用的测量工具具有良好的区分效度，可以开展下一步的模型检验研究。

3.4.2 各个变量的描述性统计分析结果

为了探讨各变量之间的关系，我们首先进行变量之间的描述性统计分析，包括各变量的平均数、标准差以及变量之间两两的相关系数，结果如

表 3-3 所示。

表 3-3 谦卑型领导、主管胜任力、情感承诺、角色内绩效和组织公民行为的描述性统计结果

量表	M	SD	1	2	3	4	5	6	7
1. 德行	3.936	0.731							
2. 自谦	3.734	0.776	0.609**						
3. 培育	3.758	0.810	0.770**	0.662***					
4. 关怀	3.689	0.858	0.571**	0.688**	0.701**				
5. 情感承诺	3.783	0.686	0.514**	0.568**	0.576***	0.554**			
6. 主管胜任力	3.597	0.739	0.328**	0.428**	0.410**	0.426**	0.486**		
7. 角色内绩效	3.813	0.823	0.049	0.163*	0.100	0.191***	0.172*	0.382**	
8. 组织公民行为	3.747	0.674	0.092	0.222**	0.156*	0.266***	0.342**	0.406**	0.708**

注：*** 代表 $p<0.001$，** 代表 $p<0.01$，* 代表 $p<0.05$；德行、自谦、培育、关怀为谦卑型领导的四个维度。

由表 3-3 可知，谦卑型领导各个维度均与情感承诺显著相关，相关系数分别在 0.514~0.576，谦卑型领导的自谦、关怀维度与角色内绩效显著相关，而德行、培育与角色内绩效相关不显著，相关系数在 0.049~0.191，谦卑型领导的自谦、培育和关怀维度与组织公民行为显著相关，相关系数在 0.156~0.266，而德行维度与其相关不显著。主管胜任力与角色内绩效和组织公民行为的相关系数分别为 0.382（$p<0.01$）和 0.406（$p<0.01$）。以上结果表明，本研究的自变量与中介变量、因变量存在显著相关关系，调节变量与因变量存在显著相关，可以进一步检验变量之间的因果关系。

3.4.3 数据聚合的指标检验

本研究的谦卑型领导和主管胜任力均为团队成员评价的变量，需要合成到团队层面使用。在数据合成前，首先需要检验团队成员的回答是否具有内部一致性，不同团队的回答是否确实有区别。对此，我们采用组内相关系数 ICC（1）、ICC（2）以及评价者一致性系数 R_{wg} 作为指标，检验数

据是否可以合成到团队层面。其中，R_{wg}只关注每一个组的组内变异，主要检验组内的几个评价者之间的评分一致性，不关注组间差异；ICC（1）和ICC（2）是信度概念，主要检验组间异质性，关注组与组之间的评分是否具有显著差异，即关注组间变异，从而为采用团队成员的平均数代表团队层面变量的值提供证据。具体的指标检验结果如表3-4所示。

表3-4 谦卑型领导、主管胜任力数据合成适合度的检验结果

变量	ICC（1）	ICC（2）	$R_{wg(j)}$均值
谦卑型领导	0.568	0.798	0.964
主管胜任力	0.567	0.797	0.970

由表3-4可知，谦卑型领导和主管胜任力数据的ICC（1）、ICC（2）均达到了James提出的经验标准，即ICC（1）>0.12，ICC（2）>0.50，$R_{wg(j)}$的均值超过了0.70的标准（Klein et al.，2000）。因此，可以将个体层面数据合成到团队层面进行统计分析，调节效应和中介效应的数据分析将使用合成后的数据。

3.4.4 中介作用检验结果

本研究采用Mplus7.0对情感承诺的中介作用进行检验，并采用Bootstrapping方法计算中介效应的置信区间，分析结果如表3-5所示。

表3-5 谦卑型领导、情感承诺对员工绩效跨层影响的分析结果

	情感承诺		角色内绩效		组织公民行为	
	系数	标准差	系数	标准差	系数	标准差
谦卑型领导	0.669***	0.113	0.201*	0.095	0.245*	0.108
情感承诺			0.217*	0.104	0.344***	0.089
中介效应95%置信区间（Bootstrapping=20000）			[0.011，0.301]		[0.103，0.384]	

注：*** 代表 $p<0.001$，** 代表 $p<0.01$，* 代表 $p<0.05$。

由表 3-5 可知，谦卑型领导对情感承诺（$\hat{y}=0.669$，$p<0.001$）、角色内绩效（$\hat{y}=0.201$，$p<0.05$）和组织公民行为（$\hat{y}=0.245$，$p<0.05$）均有显著的正向影响，情感承诺对角色内绩效（$\beta=0.217$，$p<0.05$）和组织公民行为（$\beta=0.344$，$p<0.001$）均有显著的正向影响，且在控制了情感承诺的影响后，谦卑型领导对角色内绩效（$\hat{y}=0.056$，$p>0.05$）、组织公民行为（$\hat{y}=0.015$，$p>0.05$）的直接效应不再显著，且 95%置信区间分别为[0.011，0.301]、[0.103，0.384]，均不包含 0。由此可以看出，情感承诺在谦卑型领导与员工角色内绩效和组织公民行为之间起中介作用，假设 1、假设 2a 和假设 2b 均得到验证。

3.4.5 调节作用检验结果

主管胜任力的调节作用也采用 Mplus7.0 进行检验，结果如表 3-6 所示。

表 3-6 谦卑型领导、主管胜任力对员工绩效跨层影响的分析结果

	角色内绩效		组织公民行为	
	系数	标准差	系数	标准差
谦卑型领导	-0.139	0.078	-0.038	0.087
主管胜任力	0.377***	0.057	0.288***	0.073
谦卑型领导×主管胜任力	0.132**	0.042	0.094*	0.047

注：*** 代表 $p<0.001$，** 代表 $p<0.01$，* 代表 $p<0.05$，谦卑型领导、主管胜任力为团队层面变量，角色内绩效、组织公民行为为个体层面变量。

由表 3-6 可知，当同时引入谦卑型领导、主管胜任力以及两者的乘积项时，谦卑型领导对角色内绩效（$\hat{y}=-0.139$，$p>0.05$）和组织公民行为（$\hat{y}=-0.038$，$p>0.05$）的影响均不显著；主管胜任力对角色内绩效（$\hat{y}=0.377$，$p<0.001$）和组织公民行为（$\hat{y}=0.288$，$p<0.001$）的影响均显著；两者的乘积项对角色内绩效（$\hat{y}=0.132$，$p<0.01$）和组织公民行为（$\hat{y}=0.094$，$p<0.05$）的影响均显著。由此可见，主管胜任力在谦卑型领

导影响员工角色内绩效和组织公民行为的过程中起正向调节作用。

3.5 讨论

3.5.1 研究的理论意义

本研究采用来自团队样本不同评价源的数据，在中国组织情境下探讨谦卑型领导对员工绩效的跨层影响，在一定程度上填补了先前研究的空白。首先，本研究发现谦卑型领导不仅可以直接影响员工绩效，还可以通过增加情感承诺影响员工绩效。管理者作为组织的“代言人”，其行为会让员工产生直接针对组织的态度和行为。中国组织向来注重培养员工与组织之间的情感联结，情感联结能在很大程度上促使员工产生有利于组织的工作行为，如改善员工的角色内绩效和组织公民行为。其次，本研究发现管理者的胜任力能在很大程度上提升谦卑型领导的作用效果。这一结果验证了 Owens 和 Hekman（2012）所提出的观点，即领导者越有能力，谦卑型领导行为所产生的影响结果就越好；相反，谦卑型领导行为只能让员工产生一种不好的印象和认为领导者无能。在中国组织情境下，下属对管理者的印象有一种固定的原型，即不仅品德高尚，而且才能过人，如果只具备其一，则不是一个好的管理者。因此，谦卑型领导者在展现谦卑领导行为的同时，必须具备良好的胜任力，才能在下属心中树立管理者应有的威信和声望，也才能更好地影响下属。最后，本研究采用中国组织情境下的测量工具检验谦卑型领导的有效性，是首个采用本土测量工具来关注谦卑型领导影响机制的研究，在一定程度上填补了先前研究的空白，也表明了谦卑型领导在中国组织情境下的有效性。

3.5.2 研究的实践意义

本研究的结果对管理实践也具有重要的价值和意义，可以为管理者提供以下建议：第一，管理者应该表现出更多的谦卑型领导行为来促进下属绩效的提升。本研究结果表明，谦卑型领导是一种有效的领导行为，可以在很大程度上改善员工的绩效表现。因此，管理者应展现出更多的自我反省行为，承认自己的错误和缺点，欣赏员工的优势和贡献，关心下属的利益，注重对下属的培养，乐于接受他人的新观点和新思想等谦卑型领导行为。这些行为能增加员工与领导者之间的互动，能提升员工的自我效能感、组织自尊和组织支持感，从而促使员工更多地回报组织和管理者。第二，管理者是组织的代理人，管理者的行为对于培养员工对组织的感情非常重要，因此，管理者要充分认清自身的角色任务，通过自身的领导行为来提升员工对组织的情感承诺，进而提升员工的绩效表现。第三，管理者的谦卑型领导行为与胜任力可以出现“强强联合”的效应。谦卑型领导行为的作用效果取决于一些权变因素，如果主管胜任力很强的话，则谦卑型领导的影响效应增强。因此，管理者不仅要谦卑，而且要具备胜任力。

3.5.3 研究不足与展望

本研究仍有很多不足之处：第一，研究仅采用一个样本检验谦卑型领导通过情感承诺的中介作用对员工绩效的影响，这一结果是否具有跨样本性的推广性，还有待于进一步的研究；第二，研究采用横截面数据，即所有数据均在同一时间点收集，这对于变量之间因果关系的检验略显不足；第三，研究未能探讨谦卑型领导调节中介效应的大小，也没有探讨其他可能的中介调节机制，对中介调节机制的探讨还不够。因此，后续研究需要采用多个不同的组织样本来验证谦卑型领导的有效性，并尝试采用纵向数据更好地验证变量之间的因果关系，也可进一步探讨组织氛围、组织文化以及其他员工态度变量等在谦卑型领导影响效应中的中介作用或调节作用。

参考文献

Carnevale，J. B.，Huang，L. & Paterson，T.（2019）. LMX－differentiation strengthens the prosocial consequences of leader humility：An identification and social exchange perspective. *Journal of Business Research*, (96), 287–296.

Chen, Z. X. & Francesco, A. M. (2003). The relationship between the three components of commitment and employee performance in China. *Journal of Vocational Behavior*, (62), 490–510.

Choi, S. B. (2015). Inclusive leadership and work engagement: Mediating roles of affective organizational commitment and creativity. *Social behavior and personality*, 43 (6), 931–944.

Exline, J. J. & Geyer, A. (2004). Perceptions of humility: A preliminary study. *Self and Identity*, 3 (2), 95–115.

Klein, K. J., Bliese, P. D., Kozlowski, S. W. J., Dansereau, Gavin, F., M. B., Griffin, M. A., Hofmann, D. A., James, L. R., Yammarino, F. J. & Bligh, M. C. (2000). Multilevel analytical techniques: Commonalities, differences, and continuing questions. In K. J. Klein, S. W. J. Kozlowski, (Eds). *Multilevel Theory, Research, and Methods in Organizations* (pp. 512–553). San Francisco, CA, Jossey–Bass.

Liu, A. M. M., Chiu, W. M. & Fellows, R. (2007). Enhancing commitment through work empowerment. *Engineering, Construction, Architectural Management*, 14 (6), 568–580.

Mao, J., Chiu, C., Owens, B. P., Brown, J. A. & Liao, H. (2019). Growing Followers: Exploring the Effects of Leader Humility on Follower Self–Expansion, Self–Efficacy, and Performance. *Journal of Management*, 56 (2), 343–371.

Mayer, R. C. & Davis, J. H. (1999). The effect of the performance appraisal system on trust for management a field quasi–experiment. *Journal of Applied Psychology*, 84 (1), 123–136.

Meyer, J. P. & Allen, N. J. (1991). A three–component conceptualization of organizational commitment. *Human Resource Management Review*, 1 (1), 61–89.

Meyer, J. P. & Allen, N. J. (1984). Testing the "side–bet theory" of organizational commitment: Some methodological considerations. *Journal of Applied Psychology*, 69 (3), 372–378.

Owens, B. P. & Hekman, D. R. (2016). How does leader humility influence team performance? Exploring the mechanisms of contagion and collective promotion focus. *Academy of Management Journal*, 59 (3), 1088-1111.

Owens, B. P. & Hekman, D. R. (2012). Modeling how to grow: An inductive examination of humble leader behaviors, contingencies, and outcomes. *Academy of Management Journal*, 55 (4), 787-818.

Owens, B. P., Johnson, M. D. & Mitchell, T. R. (2013). Expressed humility in organizations: implications for performance, teams, and leadership. *Organization Science*, 24 (5), 1517-1538.

Podsakoff , P. M., MacKenzie, S. B, Moorman, R. H. & Fetter, R. (1990). Transformational leader behaviors and their effects on followers' trust in leader, satisfaction, and organizational citizenship behaviors. *Leadership Quarterly*, 1 (2), 107-142.

Rego, A., Owens, B. P., Yam, K. C., Bluhm, D., Cunha, M. P., Silard, T., Gonçalves, L., Martins, M., Simpson, A. V. & Liu, W. (2019). Leaders' humility and team performance: Exploring the mediating mechanism of team psychological capital and task allocation effectiveness. *Journal of Managemen*, 45 (3), 1009-1033.

Su, S. X., Baird, K. & Blair, B. (2009). Employee organizational commitment: The influence of organizational and cultural factors. *The International Journal of Human Resource Management*, 20 (12) , 2494-2516.

Wang, L., Owens, B. P., Li, J. J. & Shi, L. (2018). Exploring the affective impact, boundary conditions, and antecedents of leader humility. *Journal of Applied Psychology*, 103 (9), 1019-1038.

Williams, L. J. & Anderson, S. E. (1991). Job satisfaction and organizational commitment as predictors of organizational citizenship and in - role behaviors. *Journal of Management*, 17 (3), 601-617.

冯镜铭，刘善仕，吴坤津.（2018）. 谦卑型领导与下属建言：传统性的调节作用. 科研管理，39（8），120-130.

高日光，李胜兰.（2018）. 真君子还是伪君子：谦卑型领导与行为一致性对员工情感承诺的影响. 当代财经，（12），83-91.

雷星晖，代同亮，苏涛永.（2018）. 谦卑领导与员工离职倾向——相对剥夺感的调节作用. 华东经济管理，32（1），5-11.

李洁，梁巧转，张真真.（2018）. 谦卑型领导行为与下属离职倾向——第一阶段被调节的中介效应. 软科学，（1）, 83-86.

廖冰，赵方苏，闫威.（2017）. 谦卑型领导行为、组织公民行为与团队效能关系. 科技进步与对策，34（18）, 139-145.

罗云娜，杨高升.（2019）. 谦卑型领导对员工创造力的影响机制. 科技管理研究，39（1）, 156-161.

倪清，杜鹏程.（2017）. 基于链式中介效应的谦卑型领导与经理人反馈寻求行为关系研究. 管理学报，14（6）, 823-831.

彭娇子，张亚军，肖小虹.（2016）. 谦卑型领导对员工建言的影响机制研究简. 领导科学，（23）, 41-43.

齐蕾，邢讷，刘冰.（2017）."上有所好，下必甚焉?"——谦卑领导对员工反馈寻求行为影响机制. 东岳论丛，38（9）, 167-176.

苏涛永，张瑞，俞梦琦，王胜金.（2017）. 谦卑领导行为与员工个人创新行为：一个被中介的调节模型. 工业工程与管理，22（4）, 147-155.

王富祥.（2018）. 谦卑型领导对员工建言行为的影响——中介和调节综合模型检验. 当代经济管理，40（4）, 74-79.

王艳子，罗瑾琏.（2017）. 员工创新行为的激发机理研究：谦卑型领导的视角. 中央财经大学学报，（6）, 110-118.

杨陈，杨付，景熠，唐明凤.（2018）. 谦卑型领导如何改善员工绩效：心理需求满足的中介作用和工作单位结构的调节作用. 南开管理评论，21（2）, 121-134, 171.

余嘉禾，王碧英.（2017）. 谦卑型领导为何能提高员工绩效？领导—成员交换和组织自尊的多重中介作用. 中国人力资源开发，（10）, 52-63.

张军成.（2016）. 谦卑型领导对员工建言行为的影响：心理安全感与主动型人格的作用. 商业经济与管理，1（11）, 25-33.

朱健，李颖凤.（2017）. 谦卑型领导对建言行为的影响研究——基于员工对上级信任的中介作用. 湖南财政经济学院学报，（2）, 99-107.

4 谦卑型领导对员工正/负向行为的跨层影响机制：团队氛围和团队特征的作用

4.1 问题提出

在领导力领域，人们通常忽略谦卑的重要性，认为谦卑意味着缺乏韧性和决心，对有效的领导者来说会产生负面影响。然而，在过去的十几年中，领导力领域的思想家越来越关注谦卑对于领导力的重要性，有关公仆型领导、第五级领导、参与式领导等的研究均特别强调谦卑对领导效能的重要性（Owens & Hekman，2012），尤其是在领导者的自我放纵、骄傲自大、权力意识暴涨以及自视过高导致一系列商业丑闻之后（Knottnerus et al.，2006），组织对领导者谦卑的呼声不断高涨。在知识驱动的经济环境下，组织越来越强调领导者应该在领导过程中表现出更多的“自下而上”的谦卑行为（Morris，Brotheridge & Urbanski，2005；Owens & Hekman，2012）。谦卑的领导者不会妄自尊大，但这并不代表他们没有进取精神，服务他人的意愿反而会促使他们为了大多数人的利益而非个人利益而不断地进行自我提高。基于此，Owens 和 Hekman（2012）首次提出谦卑型领导（Humble Leadership）的概念，即始于低层地领导或自下而上地领导。

在当前的国际竞争环境下，组织生存的决定性因素之一是组织成员是否具有创造力和创新性，能否表现出更多的创新行为和产生更多的创新性成果。正如 Katz（1964）所提出的，“如果仅仅依赖那些明确规定的组织行为，组织将成为很脆弱的社会系统”。以往的研究也发现，个体创新行为确实有利于组织成功（Unsworth & Parker，2003）。创新行为是指个体对新颖的、有用的、恰当的思想的实施（Scott & Bruce，1994）。创新行为和创造力是两个不同的概念，创造力更多的是一种能力，出现在整个创新过程中，而创新行为则是创造力的外在表现，可能与创新性结果直接相关。以往的研究更多关注谦卑型领导对创造力的影响，很少关注谦卑型领导对个体创新行为的影响。从20世纪90年代中期开始，学术界对反生产工作行为（Counterproductive Work Behavior，CWB）的研究热情高涨。已有的研究表明，CWB在工作场所是普遍存在的（Bennett & Robinson，2000），对组织和个人有重要的影响，甚至会导致组织每年付出数十亿美元的经济代价（Holtz & Harold，2013）。然而，关于正向领导行为对CWB影响效应的研究相对缺乏，人们还无法充分认识领导力和CWB的关系。因此，关注管理者在日常工作中是如何通过领导行为影响CWB的，具有很大的理论价值和实际意义。

目前，学术界对谦卑型领导的研究更多是在个体层面或团队层面关注谦卑型领导对员工或团队正向行为的促进影响，很少同时关注谦卑型领导对员工正向行为（如创新行为）和负向行为（如反生产工作行为）的跨层影响作用，尤其是从谦卑型领导影响团队氛围（如团队心理安全氛围和人际公平氛围）的角度来关注谦卑型领导的跨层影响效应；对谦卑型领导效能发挥边界条件的探讨更多地关注员工权力距离感知的负向调节作用，很少从团队特征如传统性价值观和权力距离文化的角度去探讨谦卑型领导的调节机制。谦卑型领导对组织的影响绝不仅限于员工个体，而是可能影响整个团队或组织的气氛，并且往往与其他的团队或组织特征共同影响员工态度和行为。基于以上分析，本研究重点关注谦卑型领导影响员工个体正向行为和负向行为的机制，具体的理论模型如图4-1所示。本研究将通过两个研究来验证谦卑型领导通过两种不同的团队氛围对员工创新行为和反生产力行为的影响，并检验两种不同的团队特征在其中的调节作用。

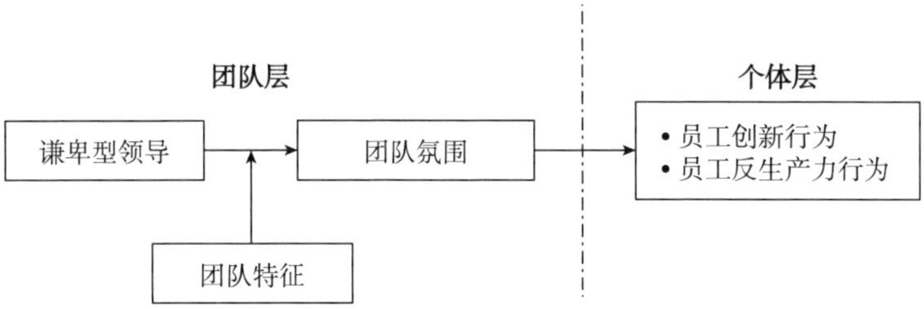

图4-1　谦卑型领导对员工正/负向行为跨层影响研究的理论模型

4.2 理论基础和研究假设

到目前为止，谦卑型领导的研究主要经历了四个阶段：第一个阶段主要是对谦卑型领导或领导者谦卑的内涵或概念的澄清，以及相关测量工具的开发；第二个阶段主要是关注团队以上层面的谦卑型领导的传递效应，更多集中在谦卑型领导对团队以上层面后果变量的影响，以西方学者的研究为主；第三个阶段是中国组织情境下出现的大量个体层面谦卑型领导的影响效应研究，以国内学者的研究为主；第四个阶段是关注领导者谦卑的调节作用，即把谦卑当作其他理论模型的边界条件来关注，这类研究相对较少。从先前的有关谦卑型领导的文献综述可知，当前研究最缺乏对谦卑型领导跨层影响效应的研究，尤其是对谦卑型领导跨层影响效应的中介机制和调节机制的研究。

本研究拟关注两种重要的团队氛围，一是心理安全氛围，二是人际公平氛围。谦卑型领导鼓励员工尝试错误，承认员工的优势和贡献，有利于团队其他成员也表现出对彼此的包容和欣赏，从而有利于心理安全氛围的产生。谦卑型领导强调尊重和欣赏的每个员工，客观认知和评价每个人，管理者平等对待每个员工，有利于团队成员形成良好的人际公平氛围。因此，此外，本研究重点关注这两种氛围的中介作用。本研究还关注两种团队特征的调节作用，包括团队传统性和团队权力距离文化。团队传统性和团队权力距离文化在很大程度上影响着员工对谦卑型领导行为的认知，即谦卑是可接受的还是不被看重的。先前的研究很少关注团队传统性的调节作用，并且大多把权力距离当作个体感知的变量，而本研究拟把这两个变量作为团队层面的变量，来探讨它们在谦卑型领导对个体层面员工行为的跨层影响中的调节作用。具体包括两个研究，研究 1 关注谦卑型领导通过心理安全氛围对员工创新行为和反生产力行为的影响，以及团队传统性价值观在其中的调节作用，研究 2 主要检验谦卑型领导通过人际公平氛围对员工反生产力行为的影响，以及团队权力距离文化在其中的调节作用。

4.2.1 谦卑型领导与创新行为和反生产工作行为

依据社会学习理论（Bandura，1977），个体往往在特定的环境下通过观察其他人的行为来学习一套组织所认可的行为规范，尤其是更倾向于学习那些与其交互比较频繁的人或地位比较高、权力比较大的人的行为，这种学习不需要个体直接经历与行为相关的正向或负向的结果，只需个体通过观察其他人的行为是如何被奖赏或惩罚即可进行间接的学习。以往的研究发现，组织中的直接上司是与下属交互最多、权力地位较高的那类参照对象（Neubert et al.，2008），而员工的创新行为又依赖于他们与工作场所中的其他成员的交互。因此，上司的领导行为可能对下属行为具有很重要的影响。

首先，谦卑型领导者能为员工树立正向的工作行为榜样，可能会促使员工表现更多的创新行为和减少反生产工作行为。谦卑型领导者看重保持活力和创造性地解决问题，强调不断超越和提升自我（Owens & Heckman，2012），可以为员工树立创造性解决问题的榜样。同时，谦卑型领导者所表现出的尊重和欣赏他人，主动承担工作责任，公开承认自己的缺陷和不足，主动向他人学习和请教等正向对待他人的态度，可能有助于下属建立一种表现正向工作行为、尊重他人、敢于担当、积极创新的行为规范，让下属认识到 CWB（如粗鲁地对待他人、上班迟到等）在工作场所是不合适的，而不断学习并表现出更多的创新行为是更有意义的。

其次，谦卑型领导者能让员工看到工作的价值和意义，可能会激发员工从事创新活动的内部动机，帮助员工扫清阻碍工作参与的各种障碍。谦卑型领导者在各种大小工作任务中为员工做出榜样，有助于员工认识到工作任务的重要性，进而更可能认识到工作的内在价值，同时，他们通过塑造可教性，在领导过程中让员工感觉到自身的价值并不断提高，对激发员工创新的内部工作动机来说非常重要。尤其重要的是，谦卑型领导者认可员工的优势和贡献，鼓励员工不断地尝试错误，能增加员工对自己的信心，同时创造无顾虑的试误环境，可使员工不用担心创新可能带来的不利影响进而产生更多的创新行为。先前的实证研究确实发现，支持性的领导行为和对创新的角色期待会直接影响个体的创新行为（Scott & Bruce，1994）。依据社会学习理论，谦卑型领导者在为下属清除工作障碍的同时，也为员工树立了不制造障碍的榜样，从而可能有效防止员工表现出 CWB。

尽管先前很少有研究关注谦卑型领导与 CWB 之间的关系，但很多谦卑型领导的研究都关注了谦卑型领导在什么情况下以及如何对个体或团队创新行为或创造力的影响更大，包括个体层面的权力距离感知（王艳子、白玲和罗瑾琏，2016）、主动性人格（罗云娜和杨高升，2019）、创造性自我效能感（罗瑾琏、花常花和钟竞，2016），团队层面的 LMX 差异（刘新梅、姚进和陈超，2018）、权力距离文化（Hu et al.，2018）等的调节作用，以及心理资本（王艳子、白玲和罗瑾琏，2016）、心理安全感（雷星晖等，2015；罗瑾琏、花常花和钟竞，2016）、创新自我效能感（雷星晖等，2015；王富祥，2018）、内部人身份认知（苏涛永等，2017；王艳子和罗瑾琏，2017）、知识共享（罗云娜和杨高升，2019）等的中介作用。以上研究的结果充分说明，谦卑型领导对员工行为的影响是有边界条件的，可能在某些情况下影响更多，在某些情况下影响更小，可能是直接的，也可能是间接的。因此，很有必要探讨谦卑型领导对个体行为的跨层影响机制。

4.2.2 团队心理安全氛围的中介作用

群体水平上的心理安全感研究始于 Edmondson，其称之为心理安全氛围。Edmondson（1999）发现，在同一组织内，不同群体在人际心理安全氛围方面有显著差异，即使在具有很强共享型组织文化的情境下，不同群体在与人际风险相关的信念上仍有显著差异，这表明心理安全可以作为一种群体水平的现象来研究。心理安全氛围是群体成员所共享的从事风险行为的安全性的信念（Zhou & Pan，2015），对组织学习和创新具有重要意义（Edmondson，1999），有助于员工自愿为组织贡献思想和付出实际行动，如分享信息和知识、说出组织改进的建议以及进行新产品或新服务的开发等。不同群体在心理安全氛围上的差异，很大程度上取决于部门经理或主管的行为（Walumbwa，Hartnell & Oke，2010），他们的行为可能隐含很多不同的承担人际风险的信息，如承认错误、请求帮助或说出想法等行为（Edmondson，1999），所有团队成员都可以观察到管理者的行为表现，由此可能会形成一种共享的心理氛围。依据社会信息加工（Social Informational Process，SIP）观点（Salancik & Pfeffer，1978），重要人物（如直接上司或同事）所提供的社会线索会影响个体对工作环境及行为结果的认知。谦卑型领导者承认自身的缺陷和错误，向员工表明领导者更关心员工的发展而不是他们的绩效，鼓励员工尝试错误和在尝试中不断进步，这不仅可以让整个团队从隐藏自身的错误和无经验的心理负担中解放出来，而且可以让团队成员从维持和保护不现实的高自我形象的心理负担中走出来（Owens & Hekman，2012），从而使团队整体产生更高的心理安全氛围。

心理安全氛围能促使成员容忍不同意见，接受错误，支持和帮助同事（Edmondson，1999）。当人们面对与他们的期望相矛盾的情况时，心理安全氛围有助于人们克服防御心理或学习焦虑，使个体自觉关注集体的目标和问题的解决而不是自我保护。创新通常面临很多风险和障碍，新的想法或行为通常被认为是有威胁的，因此可能遭遇同事的抵制。对员工来说，简易的方法就是通过评价人际工作氛围来辨别从事创新行为是否安全（Drazin，Kazanjian & Glynn，2008）。以往有关 CWB 的研究也表明，组织氛围（Judge，Scott & Ilies，2006）以及员工感知的压力（Fox，Spector & Miles，2001）等因素均可能是 CWB 的重要前因变量。在较高的团队心理安全氛围中，员工通常会感觉待在团队中很轻松，倾向于表现出更多的有利于组织的正向工作行为，员工能充分地展现自己而不用顾虑对自我形象、地位或职业发展产生负面影响，员工不需要投入额外的心理资源来应对风险行为可能需要付出的代价，从而表达更多的新想法和进行更多的创新活动。在较低的团队心理安全氛围中，员工通常会感觉紧张、焦虑、不满意，并努力寻找引起不安全的因素，采取各种措施减少心理压力以及可能产生的负性情绪，从而保持心理认知的协调性，这类行为很可能包括采取报复性的直接抵抗行为或消极工作行为，如 CWB。基于以上分析，本研究提出以下理论假设：

假设 1：谦卑型领导对团队心理安全氛围有显著的正向影响。

假设 2a：团队心理安全氛围在谦卑型领导对员工创新行为的影响中起中介作用。

假设 2b：团队心理安全氛围在谦卑型领导对员工 CWB 的影响中起中介作用。

4.2.3 团队传统性的调节作用

传统性是一个本土化的文化价值观概念，指在中国传统文化的要求下，个体所持有的认知态度和行为模式，包括安分守成、宿命自保、男性优越、孝亲敬祖以及遵从权威五个方面（杨国枢和黄光国，1991）。传统性可作为分析中国组织中员工行为差异的关键调节变量（Farh，Earley & Lin，1997）。一般认为，高传统性的员工服从传统性的社会角色义务，而低传统性员工会遵守诱因—贡献平衡的原则。当团队整体保持高传统性时，团队成员会自守本分、不求进取、遵从权威，并对传统的领导行为更加认可和接受。因此，这类团队成员整体很少会表现出组织规范所不允许的、领导所不期待的行为，如 CWB，也很少表现出高风险的有可能给组织带来不良影响的创新行为，他们表现的更多的是常规的组织行为，如按照要求完成工作任务。当团队整体保持低传统性时，团队成员往往敢于挑战现实、挑战权威，更多地根据组织提供的诱因（如领导的期待和支持、组织的氛围、奖励措施等）有选择地表现某种行为，如创新行为和 CWB，同时他们更为接受与常规不同的领导行为如谦卑型领导行为。

谦卑型领导包容员工的不足和错误，鼓励员工不断尝试并积累经验教训（Owens & Hekman，2012），在很大程度上有利于员工表现出更多的创新行为，但如果遇到高传统性的团队，团队成员对谦卑型领导的接受度及创新行为的认可度都不高，可能会大大削弱谦卑型领导对员工创新行为的影响，团队整体的传统性越低，传统性所产生的负向影响会越小。谦卑型领导对员工的鼓励和包容以及所营造的团队心理安全氛围，会减轻员工内心的压力，避免出现过度的焦虑及报复行为，从而产生较少的 CWB，尤其是低传统性的团队，团队成员更乐于接受谦卑型领导的影响，从而会增加谦卑型领导通过心理安全氛围对 CWB 的影响效应。基于以上分析，本研究提出以下理论假设：

假设 3a：团队传统性在谦卑型领导通过心理安全氛围对员工创新行为的影响中起调节作用，即团队传统性的得分越低，则谦卑型领导通过心理安全氛围对员工创新行为的正向影响越强，反之越弱。

假设 3b：团队传统性在谦卑型领导通过心理安全氛围对员工反生产工作行为的影响中起调节作用，即团队传统性的得分越低，则谦卑型领导通过心理安全氛围对反生产工作行为的负向影响越强，反之越弱。

4.2.4 团队人际公平氛围的中介作用

组织中的不公平现象被视为导致员工产生报复行为的重要预测因素（Fox, Spector & Miles, 2001），其作为组织行为研究中的一个重要议题，已多次被证明对员工的态度和行为结果有积极影响，如信任（Frazier et al., 2010）、组织公民行为（Karriker & Williams, 2009）以及工作满意度和组织承诺（Lambert, Hogan & Griffin, 2007）。组织公平是员工对分配结果或执行的决策以及领导与员工之间的互动公平的感知，包括分配公平、程序公平和人际互动公平。分配公平侧重于员工对组织中决策结果和资源分配公平性的看法；程序公平侧重于员工对决策和工作场所决策管理中司法规则公平性的看法；互动公平则侧重于员工与组织互动过程中对公平性的看法。在日常工作环境中，相比于分配公平和程序公平，互动公平所描述的内容要素更为普遍，员工倾向于在互动公平的基础上对组织或团队进行评估交流，而不是使用程序性或分配式的公平标准。互动公平又进一步分为信息公平和人际公平（Greenberg, 1993）。信息公平强调组织中的信息分配，以及如何向他人传播和解释有关决策信息的公平程度（Ishak & Alam, 2009）；人际公平侧重于组织中个人与其他人（特别是领导者）之间社会互动的公平性，是管理者影响下属日常工作与态度的最直接途径（Ambrose, Schminke & Mayer, 2013; Van et al., 2004）。虽然不少学者已经探讨了谦卑型领导对员工态度和行为的影响机制，但却少有研究关注人际公平氛围在谦卑型领导与员工行为之间的中介作用。鉴于此，本研究还选取团队中的人际公平氛围作为谦卑型领导与反生产力行为之间的中介变量。

根据 Greenberg（1990）的观点，人际公平是指个人在组织中受到礼貌对待、有尊严和权威性或受到组织尊重的公平性感知。尊重和适当的行为规范是人际公平的两个主要方面（Scott, Colquitt & Zapataphelan, 2007），尊重意味着追随者得到真诚对待，而适当的行为规范则是指管理者礼貌待人，避免做出不正当或带有偏见的行为。Brown, Treviño 和 Harrison（2005）指出，当管理者谦卑、忠诚和礼貌待人时，员工则更能感知到尊重以及人际公平。因此，管理者公开、坦率地与员工互动，并及时反馈，可以在很大程度上培育团队的人际公平氛围。谦卑型领导在与员工互动方面表现出了有利于促成团队人际公平氛围的各种特征。首先，谦卑型领导者密切关注每个团队成员，并欣赏和认可他们的才华（Oc et al.，2015），使员工感到备受尊重，这有利于团队人际公平氛围的形成。其次，谦卑型领导者顾及每位成员的情绪变化，并主动询问员工的想法，虚心听取员工的建议（Owens et al.，2013），能保证上下级之间的良好沟通。员工一旦在工作中遇到问题，会直接且公开地向管理者提出问题并寻求解决方案，这能有效地避免团队内不公平的人际现象，也有助于团队人际公平氛围的形成。最后，谦卑型领导者乐于授权（Ou et al.，2014），给团队成员展示自我的机会，能增强团队成员的工作参与度，避免团队某些成员被边缘化，同样有利于团队成员感受到人际公平。

以往的研究表明，在受到组织和领导尊重的情况下，员工对管理者和组织会有更积极的态度（Li et al.，2014；Judge，scott & Ilies，2006）。相反，当团队内成员感受到自身未被尊重，团队中人际交往不公平时，团队成员则更容易产生抑郁或愤怒等负面情绪（Li et al.，2014），以至于团队成员会倾向于采取一系列直接或间接的行为来报复组织（Folger，1993），如故意制造团队内不和谐、盗窃（Greenberg，1990）、破坏和抵抗（Jermier，Knights & Nord，1994）等行为。林玲、唐汉瑛和马红宇（2010）在对反生产力行为心理机制的研究中也指出，组织不公平感是反生产力行为的重要前因之一。此外，基于社会交换理论，当员工受到尊重和公平对待时，他们将以积极的工作态度回报组织（Liao & Rupp，2005；Erdogan，Liden & Kraimer，2006），相反，如果员工在团队人际交往中感受到了不公平或不受重视，此时员工则更容易以故意破坏、人际不和等行为来报复团队。基于以上分析，本研究提出以下理论假设：

假设 4：谦卑型领导对团队人际公平氛围有显著的正向影响。

假设 5：团队人际公平氛围在谦卑型领导对 CWB 的影响中起中介作用。

4.2.5 团队权力距离文化的调节作用

在绝大部分组织和团队中，权力的分配都是不平等的（Hofstede，2001），因此，人际公平氛围在谦卑型领导通过人际公平氛围影响员工反生产力行为的中介效应不一定适用于所有组织情境，可能还受团队权力距离文化的影响。高权力距离文化下的员工认为管理者总是优秀的，他们尊重并且服从管理者的指示，同时相信管理者会做出可靠的决策（Javidan et al.，2006），会自觉接受自身无法参与决策的限制。在高权力距离文化的团队中，员工更能接受自身与领导者之间的权力不对称，希望管理者能起到主导作用，尽可能避免与管理者的意见产生分歧与冲突，也接受领导与不同成员之间关系的不对等。相反地，低权力距离文化下的员工认为管理者应该是平易近人的，更期望与管理者建立平等的关系（Tyler，Lind & Huo，2000）。此种文化下的员工倡导平等主义，希望能与管理者平等的沟通交流，也希望团队能够进行权力分享。因此，在高权力距离文化下，谦卑型领导者与成员进行的权力分享以及平等互动，可能不被成员接受和认可，进而可能会削弱谦卑型领导作用效果的发挥，相反地，在低权力距离文化下，谦卑型领导者与员工打成一片，欣赏和培育员工，更有利于员工感知权力分享及人际公平，由此促进谦卑型领导效应的发挥。基于以上分析，本研究提出以下研究假设：

假设 6a：团队权力距离文化在谦卑型领导对团队人际公平氛围的影响中起调节作用，即团队权力距离文化的得分越低，谦卑型领导对团队人际公平氛围的正向影响更强，反之越弱。

假设 6b：团队权力距离文化在谦卑型领导通过人际公平氛围对员工反生产工作行为的影响中起调节作用，即团队权力距离文化的得分越低，则谦卑型领导通过人际公平氛围对反生产工作行为的负向影响越强，反之越弱。

4.3 研究方法

4.3.1 研究样本

本研究采用两个团队样本，样本 1 的数据主要检验谦卑型领导通过心理安全氛围对员工创新行为和反生产力行为的影响，以及团队传统性价值观在其中的调节作用，样本 2 的数据主要检验谦卑型领导通过人际公平氛围对员工反生产力行为的影响，以及团队权力距离文化在其中的调节作用。

样本 1 主要来自上海市、江西省、山东省、浙江省的各类企事业单位，共收集了 143 个有效的团队样本数据，其中每个团队包括一名管理者和三名员工，管理者和员工为直接的上下级关系。就员工的信息来看，男性占 43.9%，平均年龄 30.06 岁，平均工龄 6.89 年，平均司龄 4.62 年，与上司平均共事时间 3.45 年，平均公司规模 645 人，本科以上学历占 77.9%。就管理者的信息而言，男性占 51.2%，平均年龄 38.13 岁，平均工龄 14.95 年，平均司龄 8.59 年，本科以上学历占 82.3%；国企管理者占 20.7%，民企管理者占 39.6%，其余的管理者属于外企、港澳台资企业、政府机关或事业单位等；高层管理者占 11.6%，部门经理占 59.8%，其余为基层管理者。就团队性质来看，市场销售类占 17.5%，行政管理类占 30.4%，生产制造类占 15.8%，技术研发类占 12.9%，服务类占 13.5%，其他占 9.9%。

样本 2 为来自江西省的团队样本，每个团队包括一名管理者和三名下属，共 54 个有效团队样本。就员工（n=162）特征来看，男性员工占 48.1%，女性员工占 51.9%；30 岁及以下的员工占 89.5%，31~40 岁的员工占 8%，40 岁以上的员工占 2.5%；与直接领导者共事一年以下的员工占 33.4%，共事 1~3 年的员工占 36.4%，共事三年以上的员工占 30.2%；高中及以下学历的员工占 9.9%，专科学历的员工占 24.7%，本科及以上学历的员工占 65.4%。就管理者（N=54）特征来看，男性占 64.8%，女性占 35.2%；30 岁及以下的占 53.7%，31~40 岁的占 38.9%，40 岁以上的占 7.4%；专科及以下学历的占 31.5%，本科及以上学历的占 68.5%。

4.3.2 研究程序

为了保证问卷填写的匿名性和数据收集的质量，本研究采用中间人分发问卷的形式，即由中间人把管理者问卷发给管理者填写，把员工问卷发给员工填写，使双方在不清楚我们进行互评调研的情况下，防止心理压力所导致的数据失真，同时避免同源误差对研究结果的影响。样本 1 中的管理者主要填写人口学变量以及分别对三名团队成员的创新行为和 CWB 进行评价，员工主要评价管理者的谦卑型领导行为、员工自身所感知的心理安全氛围、人际公平氛围、员工的传统性以及团队权力距离文化。样本 2 中的管理者主要填写人口学变量以及对团队的权力距离文化、团队成员的反生产力行为等进行评价，员工主要评价自己的人口学变量、谦卑型领导以及所感知的人际公平氛围。

4.3.3 测量工具

谦卑型领导：由于目前还没有一个真正意义上的谦卑型领导测量工具，故本研究借鉴先前研究的普遍做法［雷星晖等（2015）、罗瑾琏等（2016）的普遍做法］，采用领导者的谦卑行为量表（Owens et al.，2013）来测量管理者的谦卑型领导行为。该量表包括三个维度，分别是愿意准确地认清自己、欣赏他人的优势、可教性，每个维度三个项目，共九个项目，代表性的题目有“我的上司关注别人的优势”“我的上司愿意向他人学习”。该量表在本研究中的信度分别为 0.94 和 0.93，符合心理测量学的基本要求。

心理安全氛围：采用 Edmondson（1999）的心理安全量表，共七个项目，代表性的题目有“团队成员可以提出问题及棘手的议题”“在团队中冒险行为是受肯定的”。该量表在本研究中的信度为 0.83，符合心理测量学的基本要求。

人际公平氛围：采用 Niehoff 和 Moorman（1993）所开发的量表，共六个条目，代表性的题目有“在进行工作决策时，团队的管理者对员工很友好很关心”等。该量表在本研究中的 Cronbach's α 系数为 0.93，符合心理测量学的基本要求。

创新行为：采用 Scott 和 Bruce（1994）的创新行为量表，该量表共六个项目，代表性的题目有“该下属经常能产生创造性的想法”“该下属会制定充分的计划和时间表来实施新的想法”。该量表在本研究中的信度为 0.90，符合心理测量学的基本要求。

CWB：CWB 是一种有意违反组织规则并对组织或其他成员有害的工作行为（Bennett & Robinson，2000）。CWB 包含一系列的破坏行为，如不服从、盗窃、身体攻击、谩骂、不努力等行为，这些行为与以往研究所用的专业术语不太相同，如攻击、反社会行为和越轨行为等，但本研究主要关注普遍意义上的CWB，并采用与之对应的Spector等（2006）的测量工具。该量表包括六个项目，代表性的题目有“该下属有意浪费公司的材料或物品”“该下属把工作做错”等。该量表在本研究中的信度分别为0.95和0.88，符合心理测量学的基本要求。

传统性：采用杨国枢和黄光国（1991）所开发的传统性量表，该研究认为遵从权威是个体传统性中很重要的一个方面，原始的遵从权威量表有15个项目，本研究参考Farh等（1997）的做法，选择其中负荷最高的五个项目来测量下属的传统性，代表性的题目有“国家主席等于是大家长，一切国事都应该听从他的决定”“如果因事争执不下，应请辈分最高的人主持公道”。该量表在本研究中的信度为0.86，符合心理测量学的基本要求。

权力距离文化：采用Dorfman和Howell（1988）所开发的量表，共六个条目，代表性的题目有“公司内部主要决策都应由管理者决定，不需要与下属商议”等。该量表在本研究中的信度为0.81，符合心理测量学的基本要求。

4.3.4 数据的分析层面及分析策略

为了检验本研究所提出的假设模型，样本1的谦卑型领导、团队传统性、心理安全氛围三个变量和样本2的谦卑型领导、人际公平氛围变量在数据收集时均由员工评价，数据需要从个体层面聚合到团队层面。

基于样本1的数据，首先，我们对143个团队的谦卑型领导、团队传统性和心理安全氛围的均值数据进行单因子方差分析（ANOVA），结果发现，不同团队的谦卑型领导（$F = 4.05$，$p<0.001$）、团队传统性（$F = 3.60$，$p<0.001$）、心理安全氛围（$F = 2.79$，$p<0.001$）的平均值具有显著差异。其次，数据聚合之前也需要考量组内相关系数，即ICC（1）和ICC（2），本研究得出的三个变量的ICC（1）分别为0.49、0.42、0.48，均大于0.12的标准，ICC（2）分别为0.74、0.67、0.73，大于0.50的标准。最后，我们检验了数据的组内一致性系数R_{wg}，本研究所得的三个变量的R_{wg}均值（143个组的均值）分别为0.93、0.90、0.91，均超过了0.70的临界标准。因此，研究一中个体层面的谦卑型领导、员工传统性、

心理安全氛围感知的数据需要聚合到团队层面使用。

基于样本 2 的数据，谦卑型领导与人际公平氛围的 R_{wg} 的均值分别为 0.97 和 0.86，均大于 0.70；ICC（1）分别为 0.42、0.26，均大于 0.12；ICC（2）分别为 0.69 和 0.52，均大于 0.50。因此，研究二中个体层面的谦卑型领导、人际公平氛围等数据可以聚合到团队层面使用。

本研究采用 SPSS20.0 软件进行分析，考虑到员工的数据是嵌套在团队中的，中介作用和调节作用的检验使用 Mplus7.0 对假设模型中的变量关系进行同时估计。基于路径模型的性质，本研究使用显变量进行估计，并采用蒙特卡罗方法计算跨层间接效应的置信区间。

4.4 研究 1 的分析结果

4.4.1 变量的描述性统计分析结果

研究首先在个体层面进行变量的描述性统计和相关分析。由于员工的人口学变量与各个变量的相关均不显著，所以本研究统计结果不显示人口学变量与研究变量之间的相关系数，并且在之后的统计分析中均不控制人口学变量的影响。描述性统计分析的结果如表 4-1 所示。

表 4-1 变量的描述性统计和相关分析结果

变量	M	SD	1	2	3	4
1. 谦卑型领导	3.74	0.55				
2. 团队传统性	3.25	0.63	0.36**			
3. 心理安全氛围	3.61	0.57	0.19**	-0.09		
4. 创新行为	3.14	0.81	0.16**	0.05	0.25**	
5. CWB	1.35	0.72	-0.19**	0.07	-0.28**	0.03

注：个体层面的 n = 429，来自 143 个团队；* 代表 $p<0.05$，** 代表 $p<0.01$（双尾检验）。

由表 4-1 可知，谦卑型领导与心理安全氛围（r =0.19，p <0.01）、团队传统性（r =0.36，p <0.01）、创新行为（r =0.16，p <0.01）、CWB（r = -0.19，p <0.01）均相关显著；心理安全氛围与创新行为（r = 0.25，p <0.01）和 CWB（r = -0.28，p <0.01）均相关显著；心理安全氛围与团队传统性（r =-0.09，p >0.05）、团队传统性与创新行为（r = 0.05，p >0.05）、团队传统性与 CWB（r =0.07，p >0.05）相关均不显著。

4.4.2 中介作用和调节作用的检验结果

为了更好地估计研究模型，跨层的直接效应主要包括谦卑型领导、心理安全氛围对创新行为和 CWB 的影响，团队层面的直接效应主要是谦卑型领导对心理安全氛围的影响，跨层的间接效应主要是谦卑型领导通过心理安全氛围对创新行为和 CWB 的影响。中介效应和调节效应的检验结果如表 4-2 所示。同时，我们还采用 Bootstraping 方法计算了直接效应和间接效应的置信区间，结果如表 4-3 所示，并检验了传统性高分组和低分组的效应值以及置信区间，结果如表 4-4 所示。

表 4-2　中介效应和调节效应的检验结果

变量	心理安全氛围		创新行为			CWB		
	M1	M2	M3	M4	M5	M6	M7	M8
谦卑型领导	0.20* (0.07)	-0.24* (0.07)	0.23* (0.04)	0.17 (0.12)	0.13 (0.12)	-0.24* (0.06)	-0.18 (0.11)	-0.25* (0.12)
团队传统性		-0.12 (0.07)			0.08 (0.08)			0.16* (0.08)
心理安全氛围				0.33*** (0.09)	0.32*** (0.09)		-0.33*** (0.08)	-0.32*** (0.08)
谦卑型领导×团队传统性		-0.23* (0.12)			-0.20 (0.17)			-0.19 (0.15)

注：* 代表 p <0.05，** 代表 p <0.01，*** 代表 p<0.001，括号中的数值为回归系数的标准误。

表 4-3 直接效应和中介效应的效应值和置信区间的检验结果

变量	心理安全氛围（第一阶段）	创新行为（第二阶段）	CWB（第二阶段）
谦卑型领导	0.20** [0.05, 0.34]	0.17 [-0.06, 0.40]	-0.18 [-0.39, 0.03]
心理安全氛围		0.33*** [0.17, 0.50]	-0.33*** [-0.49, -0.17]
中介效应（a×b）		0.07* [0.01, 0.12]	-0.06* [-0.12, -0.01]

注：* 代表 $p<0.05$，** 代表 $p<0.01$，*** 代表 $p<0.001$。

表 4-4 被调节的中介效应及置信区间的检验结果

分组	间接效应		置信区间	
	创新行为	CWB	创新行为	CWB
传统性高分组	0.03 (0.04)	-0.03 (0.04)	[-0.05, 0.10]	[-0.10, 0.04]
传统性低分组	0.12 (0.05)	-0.12 (0.04)	[0.03, 0.21]	[-0.21, -0.04]

由表 4-2、表 4-3 可知，谦卑型领导对心理安全氛围影响显著（$\beta=0.20$，$p<0.05$），假设 1 得到验证；当同时引入谦卑型领导和心理安全氛围时，谦卑型领导对创新行为和 CWB 的影响不再显著，心理安全氛围对创新行为（$\hat{y}=0.33$，$p<0.01$）和 CWB（$\hat{y}=-0.32$，$p<0.001$）影响显著，中介效应分别为 0.07 和-0.06，且 95%置信区间不包括 0，心理安全氛围在谦卑型领导对创新行为和 CWB 的影响中起完全中介作用，假设 2a 和 2b 得到验证。

由表 4-2、表 4-4 可知，谦卑型领导与团队传统性的交互项对心理安全氛围影响显著（$\beta=-0.23$，$p<0.05$），当同时引入谦卑型领导、团队传统性、谦卑型领导与团队传统性的交互项、心理安全氛围时，心理安全氛围对创新行为（$\hat{y}=0.33$，$p<0.001$）和 CWB（$\hat{y}=-0.32$，$p<0.001$）的影响仍然显著，并且对于传统性得分低的那一组，心理安全氛围对创新行为和

CWB 的间接效应及置信区间分别为 0.12 [0.03, 0.21]、-0.12 [-0.21, -0.04]，置信区间不包括 0，即团队传统性在心理安全氛围对谦卑型领导和创新行为/CWB 的中介作用中发挥调节作用，假设 3a 和假设 3b 得到验证。

为进一步弄清团队传统性是如何调节谦卑型领导对心理安全氛围的影响的，我们检验高分组的团队传统性（高于平均值 1 个标准差的组）和低分组的传统性（低于平均值 1 个标准差的组）的不同影响，调节图如图 4-2 所示。

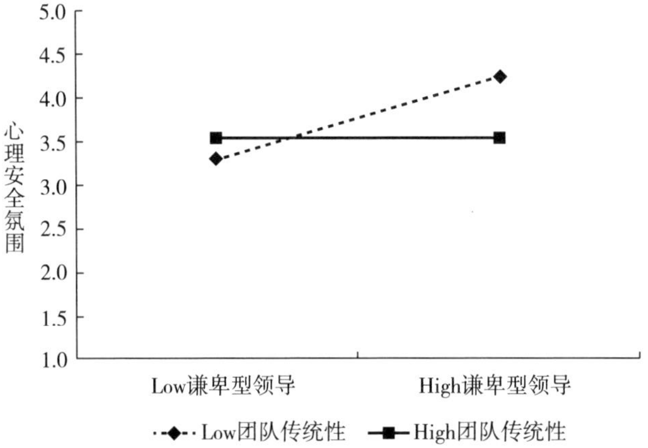

图 4-2　团队传统性的调节效应

此外，研究还采用简单斜率法检验回归方程斜率的显著性。统计结果发现，当团队的传统性低时，谦卑型领导对心理安全氛围的影响显著(β =0.20, p <0.01)；当团队的传统性高时，谦卑型领导对心理安全氛围的影响不显著(β =0.39, p >0.05)。这一结果进一步验证了团队传统性的调节作用。

4.5　研究 2 的分析结果

4.5.1　变量的描述性统计分析结果

在检验研究假设前，先使用 SPSS20.0 对各变量进行描述性统计，结果如表 4-5 所示。

表 4-5 谦卑型领导、团队权力距离文化、人际公平氛围以及反生产力行为的描述性统计结果

层面	M	SD	1	2
个体层（n=162）				
1. 反生产力行为	1.32	0.52		
2. 年龄	25.64	4.22	0.34**	
3. 与上司共事时间	1.73	1.44	0.22**	0.55**
团队层（N=54）				
1. 谦卑型领导	3.82	0.54		
2. 人际公平氛围	3.77	0.53	0.73**	
3. 团队权力距离文化	2.71	0.69	-0.27**	-0.14

注：* 代表 $p<0.05$，** 代表 $p<0.01$，*** 代表 $p<0.001$。

由表 4-5 可知，谦卑型领导与人际公平氛围（$r=0.73$，$p<0.01$）显著正向相关，员工反生产力行为与员工年龄（$r=0.34$，$p<0.01$）、员工与上司共事时间（$r=0.22$，$p<0.01$）均呈现显著正向相关。由于员工反生产力行为属于个体层变量，而谦卑型领导、团队权力距离文化以及人际公平氛围均为团队层变量，SPSS20.0 并不支持跨层次分析，因此本研究将继续用 Mplus7.0 进行跨层数据分析，进一步验证谦卑型领导、团队权力距离文化、人际公平氛围以及员工反生产力行为之间的关系。

4.5.2 中介效应检验结果

本研究按照温忠麟和叶宝娟（2014）提供的 Bootstrapping 法来检验人际公平氛围在谦卑型领导与反生产力行为之间的中介效应，其中由于 Mplus 7.0 不支持跨层次的 Bootstrapping 检验，因此本研究中置信区间均采用蒙特卡罗算法使用参数 Bootstrapping 估计在 R 软件中求得，中介效应检验结果如表 4-6 所示。

表 4-6 人际公平氛围在谦卑型领导与员工反生产行为之间的中介作用的检验结果

变量	人际公平氛围	反生产力行为	
	M1	M2	M3
Level 1			
年龄		0.03* (0.01)	0.03* (0.01)
与上司共事时间		−0.03 (0.03)	−0.03 (0.03)
Level 2			
谦卑型领导	0.71*** (0.09)	−0.28** (0.09)	−0.01 (0.13)
人际公平氛围			−0.37 (0.16)
中介效应及置信区间			−0.26 [−0.36, −0.17]

注：* 代表 $p<0.05$，** 代表 $p<0.01$，*** 代表 $p<0.001$；括号内数值为回归系数的标准误。

由表 4-6 可知，谦卑型领导对人际公平氛围有显著的正向影响（$\beta=0.71$，$p<0.001$），对员工反生产力行为有显著的负向影响（$\hat{y}=-0.28$，$p<0.01$）；人际公平氛围在谦卑型领导与员工反生产力行为之间的中介效应 Bootstrapping 置信区间不包括 0｛效应值为−0.26，CI 95%为［−0.36，−0.17］，抽样数为 20000｝，因此中介效应显著，假设 4 和假设 5 得到验证。

4.5.3 有调节的中介效应检验结果

使用 Mplus 7.0 对本研究模型进行有调节的中介效应检验，结果如表 4-7 所示。

表 4-7 团队权力距离文化在谦卑型领导与人际公平氛围之间的调节作用的检验结果

变量		人际公平氛围			反生产力行为			
		M1	M2	M3	M4	M5	M6	M7
个体层面								
控制变量	员工年龄	—	—	—	0.03*	0.03*	0.03**	0.03**
	与领导共事时间	—	—	—	-0.02	-0.03	-0.03	-0.03
团队层面								
主效应	谦卑型领导	0.71***	0.73***	0.39***		-0.28**	-0.16**	-0.02
	团队权力距离		0.05	0.04			-0.05	-0.03
调节效应	谦卑型领导×团队权力距离文化			-0.07*			0.01	-0.01
中介效应	人际公平氛围							-0.37*
	中介效应置信区间（Bootstrap=20000）						[0.0001, 0.0611]	

注：* 代表 $p<0.05$，** 代表 $p<0.01$，*** 代表 $p<0.001$；括号内系数为标准误。

首先，检验团队权力距离文化在谦卑型领导与人际公平氛围之间的调节作用。在 M3 中，谦卑型领导与团队权力距离文化的交互项对人际公平氛围具有显著影响（$\beta = -0.07$，$p<0.05$），表明调节效应存在，假设 6a 得到验证。其次，检验团队权力距离文化在谦卑型领导与反生产力行为之间的调节作用。在 M6 中，谦卑型领导与团队权力距离文化的交互项对员工反生产力行为的影响并不显著（$\hat{y}=0.01$，$p>0.05$）。依据 M3 和 M6 的检验结果，该研究模型属于温忠麟和叶宝娟（2014）所归纳的“只调节中介过程的前半路径”类型。响应方杰、张敏强、顾红磊和梁东梅（2014）的建议，针对第一阶段被调节的中介模型建议使用 Hayes（2013）的系数乘积法通过直接检验 $a3\times b1$ 的显著性来判断有调节的中介效应是否显著即可，该方法弥补了以往研究中使用较多的差异分析法以及亚组分析法的不足，无须依赖调节变量 W 的条件取值。接下来，本研究检验了谦卑型领导、团队权力距离文化、谦卑型领导与团队权力距离文化交互项以及人际公平氛围共同对员工反生产力行为的影响。由 M7 可知，在控制其他变量后，人际公平氛围对员工反生产力行为仍具有显著负向影响（$\hat{y}=-0.37$，$p<0.05$）。因此，假设6b得到验证。

为了进一步阐述团队权力距离文化在谦卑型领导与人际公平氛围之间的调节作用，本研究分析了高团队权力距离与低团队权力距离文化下谦卑型领导与人际公平氛围之间的关系。其中，将高于均值1个标准差定义为高团队权力距离文化，低于均值1个标准差视为低团队权力距离文化。团队权力距离文化的调节效应图如图4-3所示。

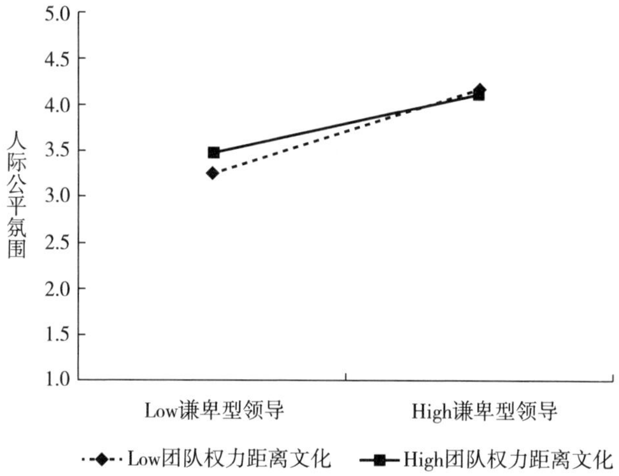

图4-3　团队权力距离文化的调节效应

由图4-3可知，在低团队权力距离文化下，谦卑型领导对人际公平氛围的影响（$\beta=0.44$，$p<0.05$）比在高团队权力距离文化下的影响（$\beta=0.07$，$p<0.001$）更强。

4.6　讨论

本研究重点考察了谦卑型领导对创新行为和CWB的影响效果、作用机理以及边界条件。结果发现：①谦卑型领导通过心理安全氛围的中介作用影响员工的创新行为和CWB，通过人际公平氛围影响CWB；②团队传统性在谦卑型领导通过心理安全氛围对创新行为和 CWB 的影响中起调节作用，当团队具有低水平的传统性时，谦卑型领导通过心理安全氛围对创新行为的正向影响更强，对 CWB 的负向影响更强，当团队具有高水平的传统性时，谦卑型领导通过心理安全氛围对创新行为的正向影响和对 CWB 的负向影响均不显著；③团队权力距离文化在谦卑型领导通过团队人际公平氛围对 CWB 的影响中起调节作用，团队的权力距离文化得分越低，谦卑型领导通过团队人际公平氛围对 CWB 的负向影响越强；反之越弱。

4.6.1 研究的理论意义

本研究发现，团队层面的谦卑型领导对个体层面的员工行为具有显著的影响，不仅能影响员工的正面行为，而且能影响员工的负面行为。先前有关谦卑型领导的作用机制研究基本上可以分为两类：一类是在中西方组织情境下关注团队以上层面的谦卑型领导对团队行为和绩效的影响，如 Ou 等（2014）、Owens 和 Hekman（2016）；另一类是在中国组织情境下关注个体层面的谦卑型领导对个体行为和绩效的影响，如雷星晖等（2015）、罗瑾琏等（2016），而很少有研究关注谦卑型领导的跨层影响，尤其是同时关注对正向行为和负向行为的跨层影响，本研究结果对先前的研究是很好的补充。

本研究以社会信息加工的视角揭开了谦卑型领导跨层影响创新行为和 CWB 的中介机制，即谦卑型领导能塑造良好的团队氛围（如较高的团队心理安全氛围和人际公平氛围），进而增加员工的创新行为，减少员工的 CWB。先前也有部分研究探讨谦卑型领导通过心理安全感对员工创造力（雷星晖等，2015；罗瑾琏等，2016）及建言行为（张军成，2016）的影响。然而，先前的研究主要存在以下几个问题：一是关注谦卑型领导对创造力的中介作用机制，而忽视对创造行为的影响。创造力总体来看还是一种能力，它能否转化为创新成果，至关重要的是有创造力的个体或团队是否表现出大量的创新行为。二是关注谦卑型领导对建言行为和知识分享等正向行为的中介作用机制，而忽视对 CWB 等负面行为的影响。三是仅仅关注谦卑型领导对员工个体的心理安全感及员工行为的影响，而忽视谦卑型领导对塑造团队氛围的影响及对员工行为的跨层间接影响。本研究的结果表明，谦卑型领导不仅能影响个体的行为，也能培养良好的团队氛围，而团队氛围是团队所有成员所共享的一种心理感知，其正向辐射作用会产生“1+1>2”的效应，远大于员工心理感知的影响。

本研究在中国组织情境下探讨谦卑型领导影响创新行为和 CWB 的边界条件，尤其是关注重要的团队特征——团队传统性和团队权力距离文化的调节效应，这是先前的研究没能关注的调节机制。先前的研究多探讨员工感知的权力距离在谦卑型领导影响效应中的调节作用（唐汉瑛等，2015；王艳子等，2016；袁凌等，2016），包括对正向行为和负向行为的抑制性调节作用。个体的价值观往往直接影响个体对领导行为的感知和认同程度，谦卑型领导要求管理者低下“高贵的头颅”，谦卑地向被管理的对象学习，这与具有传统性价值观的个体对管理者以及与管理者的关系的传统感知是相悖的，也与高权力距离文化的特征相悖，因此，团队传统性和团队权力距离是很值得考量的调节变量。本研究发现，团队整体的传统性较高时，谦卑型领导无法通过心理安全氛围诱发员工表现出创新行为以及更好地预防 CWB 的出现；团队整体的传统性较低时，谦卑型领导能通过心理安全氛围诱发员工表现出更多的创新行为，并很好地预防员工产生 CWB。在低权力距离文化中，员工更期待组织的人际公平，也对谦卑型领导企图构建平等的人际公平氛围非常认同，由此能促使谦卑型领导效能的发挥，如更好地预防 CWB 的出现，而在高权力距离文化中，员工接受的组织人际不公平和权力不对等等现象与谦卑型领导的理念背道而驰，由此可能阻碍谦卑型领导效能的发挥，如降低谦卑型领导预防 CWB 的效果。领导效能的发挥往往受限于多种因素，不仅涉及情境因素，而且涉及被管理团队的特征因素，只有领导行为与被管理团队的特征相匹配时，才能产生更佳的领导效能。

4.6.2 研究的实践意义

创新行为和 CWB 是组织需要关注的具有代表性的正向行为和负向行为。组织中领导行为的作用不仅包括诱发员工的正面工作行为，还包括防止负面行为的发生，本研究的结果对组织实践具有重要意义。首先，本研究为组织理解和倡导谦卑型领导理念提供了新的视角。谦卑型领导作为一种自下而上的新型领导方式，要求领导者保持谦卑的姿态，似乎在传统社会中是不切实际的。然而，本研究发现，谦卑型领导不仅可以营造良好的团队心理安全氛围和人际公平氛围，而且可以诱发对组织整体绩效至关重要的创新行为，预防或减少组织中普遍存在的 CWB。因此，谦卑型领导行为对当前组织的发展是尤为适合的。其次，在组织管理实践中，领导行为与被管理团队的特征相匹配是非常关键的。本研究发现，对于不同传统性和权力距离文化的团队来说，谦卑型领导的作用不尽相同。基于此，在实际的组织管理中，领导行为并不是任何时候都有效的，管理者要善于洞察被管理对象的整体特征，表现出适合被管理对象的领导行为。最后，高科技企业应该更多地关注谦卑型领导。创新行为是高科技企业的生存之本，CWB 可能是致高科技企业于死地的“灾难性行为”。本研究发现，谦卑型领导对创新行为和 CWB 有很大影响，尤其是谦卑型领导能促进团队氛围的形成，而团队氛围对组织创新以及预防负面组织行为相当关键。因此，高科技企业更应该倡导谦卑型领导行为，并且可以依据团队氛围来测查谦卑型领导的效能大小。

4.6.3 研究不足与未来展望

尽管本研究对先前的研究是有益的补充，但本研究也存在一些不足需要进一步改进。第一，本研究的数据是同一时间点获得的横截面数据，对于证明变量之间的因果关系不够有力。此外，谦卑型领导、团队安全氛围等两个主要变量均为员工填写，这种填答方式所产生的同源误差可能会影响结果的效度。因此，我们建议后续的研究采用多个时间点多个评价源的方式采集纵向数据。第二，本研究尽管同时探讨了谦卑型领导对员工正向行为和负向行为的影响，但没能关注谦卑型领导的负面影响。目前，学术界关注的领导理论多达几十种，但不存在一种普遍适用的领导行为，任何领导行为都可能会有正面影响或负面影响，关注此方面的研究很有必要。学术界近些年开始关注积极领导的负面影响（Lin，Ma & Johnson，2016）和消极领导的正面影响（Lee，Yun & Sristava，2013），本研究尽管探讨了谦卑型领导对负面行为的影响，但仍为谦卑型领导的正向影响，未来研究可以进一步结合企业性质探讨谦卑型领导可能产生的其他正面效应（如促进员工知识分享和团队学习）、负面效应（如导致员工不信任），以及其作用机制和边界条件。第三，本研究把团队传统性作为调节变量是一个创新。本研究的结果表明，当谦卑型领导遇到低传统性的团队时，能更好地促进创新行为的出现并更好地预防 CWB 的出现。从传统性的内涵来看，高传统性的团队应该更多地遵从权威，更多地表现出组织所期待的行为，并更遵从传统的价值观，更接受传统的领导行为，而低传统性的团队往往更具有开放性，更容易接受谦卑型领导的影响，也更乐于根据组织诱因来产生不同的工作行为。因此，研究结果与传统性的内涵非常一致。未来研究可以把传统性作为自变量，来关注领导行为在传统性和 CWB 之间的调节作用，以更好地澄清传统性和领导行为对 CWB 的交互作用。第四，本研究是把谦卑型领导作为自变量来探讨其领导效能的，但谦卑型领导有时可以和其他领导行为或领导特质共同发生作用来产生更好的领导效能。例如，Owens 等（2015）研究发现，当自恋遇上谦卑时，谦卑可以使自恋发挥出正面效应。那么，当谦卑型领导遇上自恋时，自恋是否会抑制谦卑型领导的正面作用；如果谦卑型领导与真诚型领导“强强联合”，会不会产生更高的领导效能。未来的研究可以更多地探讨谦卑型领导的调节作用机制，以及谦卑型领导作为调节变量所产生的作用。

参考文献

Ambrose, M. L., Schminke, M. & Mayer, D. M. (2013). Trickledown effects of supervisor perceptions of interactional justice: A moderated mediation approach. *Journal of Applied Psychology*, 98 (4), 678-689.

Bandura, A. (1977). *Social learning theory*. Englewood Cliffs, N. J.: Prentice-Hall.

Bennett, R. J. & Robinson, S. L. (2000). Development of a Measure of Workplace Deviance. *Journal of Applied Psychology*, 85 (3), 349-360.

Brown, M. E., Treviño, L. K. & Harrison, D. A. (2005). Ethical leadership: A social learning perspective for construct development and testing. *Organizational Behavior and Human Decision Processes*, (97), 117-134.

Doffman, E. W. & Howell, J. E. (1988). Dimensions of national culture and effective leadership patterns. *Advances in International Comparative Management*, (3), 127-150.

Drazin, R. Kazanjian, R. & Glynn, M. A. (2008). Creativity and Sensemaking among Professionals. In Zhou, J. and C. E. Shalley (Eds.), *Handbook of organizational creativity* (pp. 263-282). New York, NY: Erlbaum.

Edmondson, A. (1999). Psychological safety and learning behavior in work teams. *Administrative Science Quarterly*, 44 (2), 350-383.

Erdogan, B., Liden, R. C. & Kraimer, M. L. (2006). Justice and leader-member exchange: The moderating role of organizational culture. *Academy of Management Journal*, (49), 395-424.

Farh, J. L., Earley, P. C. & Lin, S. C. (1997). Impetus for Action: A Cultural Analysis of Justice and Organizational Citizenship Behavior in Chinese Society. *Administrative Science Quarterly*, 42 (3), 421-444.

Fox, S., Spector, P. E. & Miles, D. (2001). Counterproductive Work Behavior in Response to Job Stressors and Organizational Justice: Some Mediator and Moderator Tests for Autonomy and Emotions. *Journal of Vocational Behavior*, 59 (3), 291-309.

Frazier, M. L., Johnson, P. D., Gavin, M., Gooty, J. & Snow, D. B. (2010). Organizational justice, trustworthiness, and trust: A multifoci examination. *Group & Organization Management*, (35), 39-76.

Greenberg, J. (1990). Employee theft as a reaction to underpayment inequity: The hidden cost of pay cuts. *Journal of Applied Psychology*, 75 (5), 561-568.

Greenberg, J. (1993). The social side of fairness: Interpersonal and informational classes of organizational justice. In R. Cropanzano (Ed.), *Justice in the workplace: Approaching fairness in human resource management* (pp. 79-103). Hillsdale, NJ: Erlbaum.

Hayes, A. F. (2013). *An introduction to mediation, moderation, and conditional process analysis: A regression-based approach*. New York: Guilford Press.

Hofstede, G. (2001). *Culture's consequences: Comparing values, behaviors, institutions, and organizations across nations*. Thousand Oaks, CA: Sage.

Holtz, B. C. & Harold, C. M. (2013). Effects of Leadership Consideration and Structure on Employee Perceptions of Justice and Counterproductive Work Behavior. *Journal of Organizational Behavior*, 34 (4), 492-519.

Ishak, N. A. & Alam, S. S. (2009). The effects of leader-member exchange on organizational justice and organizational citizenship behavior: Empirical study. *European Journal of Social Sciences*, (8), 324-334.

Javidan, M., Dorfman, P. W., De Luque, M. S. & House, R. J. (2006). In the eye of the beholder: Cross-cultural lessons in leadership from Project GLOBE. *Academy of Management Perspectives*, 20 (1), 67-90.

Jermier, J. M., Knights, D. & Nord, W. (1994). *Resistance and power in organizations*. London: Routledge.

Judge, T. A., Scott, B. A. & Ilies, R. (2006). Hostility, job attitudes, and workplace deviance: Test of a multilevel model. *Journal of Applied Psychology*, 91 (1), 126-138.

Karriker, J. H. & Williams, M. L. (2009). Organizational justice and organizational citizenship behavior: A mediated multifoci model. *Journal of Management*, (35), 112-135.

Katz, D. (1964). The Motivational Basis of Organizational Behaviour. *Behavioral Science*, 9 (3), 131-133.

Knottnerus, J. D., Ulsperger, J. S., Cummins, S. & Osteen, E. (2006). Exposing Enron: Media Representations of Ritualized Deviance in Corporate Culture. *Crime Media Culture*, 2 (2), 177-195.

Lambert, E. G., Hogan, N. L. & Griffin, M. L. (2007). The impact of distributive and procedural justice on correctional staff job stress, job satisfaction, and organizational commitment. *Journal of Criminal Justice*, (35), 644-656.

Lee, S. Yun S. & Sristava, A. (2013). A Curvilinear Relationship between Abusive Supervision and Creativity in South Korea. *The Leadership Quarterly*, 24 (5), 724-731.

Liao, H. & Rupp, D. E. (2005). The Impact of Justice Climate and Justice Orientation on Work Outcomes: A Cross-Level Multifoci Framework. *Journal of Applied Psychology*, 90 (2), 242-256.

Lin, S. H., Ma, J. & Johnson, R. E. (2016). When Ethical Leader Behavior Breaks Bad: How Ethical Leader Behavior can Turn Abusive via Ego Depletion and Moral Licensing. *Journal of Applied Psychology*, 101 (6), 815-830.

Li, Y., Xu, J., Tu, Y. & Lu, X. (2014). Ethical leadership and subordinates' occupational well-being: a multi-level examination in China. *Social Indicators Research*, 116 (3), 823-842.

Morris, J. A., Brotheridge, C. M. & Urbanski, J. C. (2005). Bringing Humility to Leadership: Antecedents and Consequences of Leader Humility. *Human Relations*, 58 (10), 1323-1350.

Neubert, M. J., Kacmar, K. M., Carlson, D. S., Chonko, L. B. & Roberts, J. A. (2008). Regulatory focus as a mediator of the influence of initiating structure and servant leadership on employee behavior. *Journal of Applied Psychology*, 93 (6), 1220-1233.

Niehoff, B. P. & Moorman, R. H. (1993). Justice as a mediator of the relationship between methods of monitoring and organizational citizenship behavior. *Academy of Management Journal*, 36 (3), 527-556.

Oc, B., Basshur, M. R., Daniels, M. A., Greguras, G. J. & Diefendorff, J. M. (2015). Leader humility in Singapore. *The Leadership Quarterly*, 26 (1), 68-80.

Ou, A. Y., Tsui, A. S., Kinicki, A. J., Waldman, D. A., Xiao, Z. & Song, L. J. (2014). Humble chief executive officers' connections to top management team integration and middle managers' responses. *Administrative Science Quarterly*, 59 (1), 34-72.

Owens, B. P. & Hekman, D. R. (2016). How does leader humility influence team performance? Exploring the mechanisms of contagion and collective promotion focus. *Academy of Management Journal*, 59 (3), 1088-1111.

Owens, B. P. & Hekman, D. R. (2012). Modeling How to Grow: An Inductive Examination of Humble Leader Behaviors, Contingencies, and Outcomes. *Academy of Management Journal*, 55 (4), 787-818.

Owens, B. P., Johnson, M. D. & Mitchell, T. R. (2013). Expressed humility in organizations: implications for performance, teams, and leadership. *Organization Science*, 24 (5), 1517-1538.

Owens, B. P., Wallace, A. S. & Waldman, D. A. (2015). Leader narcissism and follower outcomes: The counterbalancing effect of leader humility. *Journal of Applied Psychology*, 100 (4), 1203-1213.

Salancik, G. R. & Pfeffer, J. (1978). Social information processing approach to job attitudes and task design. *Administrative Science Quarterly*, 23 (2), 224-253.

Scott, B. A., Colquitt, J. A. & Zapata-Phelan, C. P. (2007). Justice as a dependent variable: Subordinate charisma as a predictor of interpersonal and informational justice perceptions. *Journal of Applied Psychology*, 92 (6), 1597-1609.

Scott, S. G. & Bruce, R. A. (1994). Determinants of Innovative Behavior: A Path Model of Individual Innovation in the Workplace. *Academy of Management Journal*, 37 (3), 580-607.

Spector, P. E., Fox, S., Penney, L. M., Bruursema, K., Goh, A. & Kessler, S. (2006). The dimensionality of counterproductivity: Are all counterproductive behaviors created equal? *Journal of Vocational Behavior*, (68), 446-460.

Tyler, T. R, Lind, E. H. & Huo, Y. J. (2000). Cultural Values and Authority Relations: The Psychology of Conflict Resolution Across Cultures. *Psychology, Public Policy, and Law*, 6 (4), 1138-1163.

Unsworth, K. L. & Parker, S. K. (2003). Proactivity and Innovation: Promoting a New Workforce for the New Workplace. In Holman D., Wall T. D. & C. W. Clegg (Eds.), *The New Workplace: A Guide to the Human Impact of Modern Working Practices* (pp. 175-196). New York: John Wiley & Sons.

van Dierendonck, D., Haynes, C., Borrill, C. & Stride, C. (2004). Leadership behavior and subordinate well-being. *Journal of Occupational Health Psychology*, (9), 165-175.

Walumbwa, F. O., Hartnell, C. A. & Oke, A. (2010). Servant leadership, procedural justice climate, service climate, employee attitudes, and organizational citizenship behavior: A cross - level investigation. *Journal of Applied Psychology*, 95 (3), 517-529.

Zhou, Q. & Pan, W. (2015). A Cross-Level Examination of the Process Linking Transformational Leadership and Creativity: The Role of Psychological Safety Climate. *Human Performance*, (28), 405-424.

方杰，张敏强，顾红磊，梁东梅.（2014）. 基于不对称区间估计的有调节的中介模型检验. 心理科学进展，22（10），1660-1668.

雷星晖，单志汶，苏涛永，杨元飞.（2015）. 谦卑型领导行为对员工创造力的影响研究. 管理科学，（2），115-125.

林玲，唐汉瑛，马红宇.（2010）. 工作场所的反生产行为及其心理机制. 心理科学进展，18（1），151-161.

罗瑾琏，花常花，钟竞.（2016）. 谦卑型领导对知识员工创造力的影响及作用机制研究：一个被中介的调节模型——基于社会认知的视角. 研究与发展管理，28（4），106-116.

罗云娜，杨高升.（2019）. 谦卑型领导对员工创造力的影响机制. 科技管理研究，39（1），156-161.

苏涛永，张瑞，俞梦琦，王胜金.（2017）. 谦卑领导行为与员工个人创新行为：一个被中介的调节模型. 工业工程与管理，22（4），147-155.

唐汉瑛，龙立荣，周如意.（2015）. 谦卑领导行为与下属工作投入：有中介的调节模型. 管理科学，（3），77-89.

王富祥.（2018）. 谦卑型领导对员工建言行为的影响——中介和调节综合模型检验. 当代经济管理，40（4），74-79.

王艳子，白玲，罗瑾琏.（2016）. 谦卑型领导对研发人员创造力的影响机理研究. 外国经济与管理，38（10），76-88.

王艳子，罗瑾琏.（2017）. 员工创新行为的激发机理研究：谦卑型领导的视角. 中央财经大学学报，（6），110-118.

温忠麟，叶宝娟.（2014）. 中介效应分析：方法和模型发展. 心理科学进展，（22），731-745.

杨国枢，黄光国.（1991）. 中国人的心理与行为. 台北：桂冠图书公司.

袁凌，易麒，韩进.（2016）. 谦卑型领导对下属沉默行为的影响机制研究. 软科学，30（11），96-100.

张军成.（2016）. 谦卑型领导对员工建言行为的影响：心理安全感与主动型人格的作用. 商业经济与管理，1（11），25-33.

5 谦卑型领导对员工跨界行为的跨层影响

5.1 问题提出

谦卑型领导的有效性在先前的多个研究中均已得到验证，尤其是对个体行为的影响。先前的研究更多关注谦卑型领导对常规工作行为的影响，如角色内绩效、组织公民行为、创新行为、建言行为以及信息搜寻行为等，而很少探讨谦卑型领导对组织新型工作行为的影响，如跨越组织边界的工作行为的影响。随着组织工作任务复杂性以及外部竞争环境激烈性的不断增加，管理者越来越意识到，要更好地完成组织目标和团队目标，团队不能孤立行动，而需要与外部建立联系与合作，更多地借助外部环境中的信息和资源来开展工作。

有学者提出，在动态的组织环境中，团队与外部其他团队的协调程度和共享资源的程度不仅有助于团队的成功，也可以增强组织的竞争优势（Malhotra & Majchrzak，2004；Joshi，Pandey & Han，2009）。随着团队跨越边界活动的不断增多，团队边界日益模糊，组织管理也面临着新的挑战，管理者不仅要关注团队内部的工作活动，还要管理好团队边界活动。面向外部的团队边界活动被称为团队跨界活动。为了顺应管理实践的需求，Ancona 和 Caldwell（1992）明确提出了团队跨界活动的概念，即团队为了实现目标而跨越自身边界与外部环境中的各方建立联系并管理这种互动关系的行为。Marrone（2010）将团队跨界活动分为个体、团队和网络三个层次。目前，有关跨界活动的研究大都基于团队层次，Marrone（2010）呼吁学者们加强对个体层员工跨界活动的研究。跨界活动首先是在个体层面产生的，团队中不同个体的跨界行为是有差异的，管理者需要明确如何进行针对性的引导来促进团队有效性（刘松博和李育辉，2014）。此外，企业在实践中往往是指派某些员工作为团队代表进行跨界活动，因此，扮演跨界角色的员工个体的跨界活动对团队的重要性不言而喻，聚焦于研究个体层的员工跨界活动是很有意义的。

先前，学者已从团队成员构成（如职能异质性）、团队结构（如领导风格）、任务特征（如任务不确定性）和环境特征等角度探讨了跨界活动的激活因素（Dey & Ganesh，2017；Marrone，2010），但大都仅限于理论上的分析，有关激发员工参与跨界活动的实证研究还极为缺乏。管理者作为与员工互动最为频繁的组织代理人，其行为会在很大程度上激发员工主动参与跨界活动，正如某些研究所得出的，谦卑型领导可以通过团队氛围对团队跨界行为产生正向影响（邓志华和肖小虹，2018）。先前的研究主要关注团队整体的跨界行为，本研究将关注谦卑型领导如何影响个体的跨界行为，以及领导行为与团队任务特征是否会产生交互作用，具体的研究框架如图 5-1 所示。

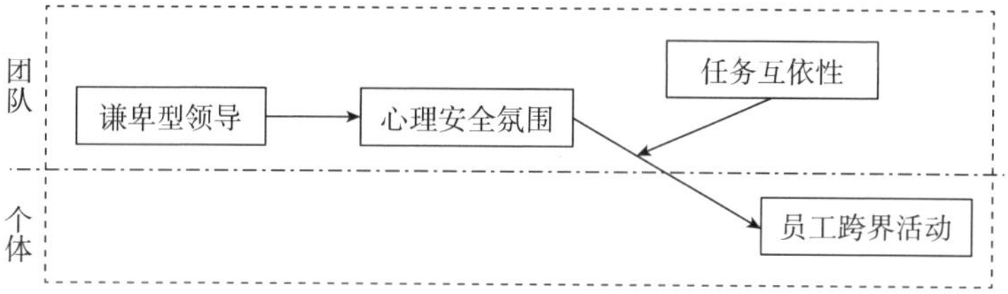

图 5-1　谦卑型领导和员工跨界活动的研究框架

5.2　理论基础与研究假设

5.2.1　理论基础

社会信息加工理论（Social Information Processing）在谦卑型领导研究

领域常被作为解释谦卑型领导行为—团队氛围—员工行为这一过程的基础理论（周建涛和廖建桥，2018；周琦玮、李倩和钱晓烨，2017）。Salancik 和 Pfeffer（1978）指出，社会信息加工理论解释了个体如何基于工作场所中的社会线索来表达对环境的看法，即人们会根据工作场所内的社会线索在社会中构建自己的观念和态度，从而影响个人的行为。社会信息主要来自地位较高的人（Copeland，1994），管理者作为团队中地位较高的人，在塑造员工对工作环境的看法方面起着关键作用。依据社会信息加工理论，一方面领导可以直接向下属分享对工作场所中某些事物的看法，帮助下属理解环境线索的意义，从而影响下属的行为；另一方面下属倾向于通过依据与领导的日常交流互动来理解工作场所中的行为期待，进而调整自己的行为或态度。除此之外，领导也可以通过在团队中塑造员工共享的积极氛围来间接地发挥领导作用。例如，周建涛和廖建桥（2018）运用社会信息加工理论解释了谦卑型领导对员工工作绩效（任务绩效、助人行为以及员工建言）的影响，以及积极团队氛围（团队授权氛围）在谦卑领导与员工工作绩效之间的跨层次中介效应。本研究拟采用社会信息加工理论解释谦卑型领导经由团队氛围（心理安全氛围）对员工行为（跨界活动）的作用过程，以及环境线索（任务互依性）在其中的调节作用。

5.2.2 谦卑型领导与员工跨界活动

谦卑型领导（Humble Leadership）是一种自下而上的领导行为，其概念由 Owens 和 Hekman（2012）首次提出。基于 Owens 和 Hekman（2012）的研究，谦卑型领导包括三个特征和维度。①客观看待自己，承认自身不足。谦卑型领导不仅承认错误、经验或者知识方面的缺陷，而且敢于向员工寻求真实的反馈意见，对工作中的失败负责，不断帮助自身建立客观的自我认知。这一特征有助于改善管理者和员工的人际关系，提升员工对管理者的信任以及满意度。②欣赏员工的优势与贡献。谦卑型领导认可员工的优势，重视员工的价值，有助于在团队工作中更好地识别员工的优点、更好地对工作进行整体部署，并为员工发挥优势创造良好的条件或提供有效的帮助。③塑造可教性。Owens 和 Hekman（2012）认为，塑造可教性是谦卑型领导最重要的方面。谦卑型领导者乐于作为一名好的倾听者，认真听取下属的意见，采纳好的观点，主动寻求工作反馈，并能保持开放的心态，主动向他人学习，为下属树立了良好的学习榜样。先前的谦卑型领导研究发现，谦卑型领导可以提升员工心理安全感（张军成，2016），或有助于形成团队层次的心理安全氛围（Hu et al.，2018；Walter & Diab，2016；祝思敏和王碧英，2019），而领导行为被认为是员工跨界活动的重要影响因素之一（Joshi et al.，2009），因此，本研究认为，谦卑型领导很可能会通过营造良好的心理安全氛围来影响员工个体的跨界活动。

员工跨界活动（Boundary Spanning Activities）包括三个方面，分别是代表活动、任务协调活动和侦测活动（Marrone，2010）。代表活动主要是向高层管理者澄清团队的需求和现状，为团队寻求决策支持或所需的资源（Ancona & Caldwell，1992；Marrone，2010）。这要求跨界人员能充分了解团队结构、团队任务、实现团队发展目标的关键因素，并综合判断团队所需的来自高层单位的如资金、人员或设备等方面的支持。谦卑型领导具有可教性，管理者表现为一名优秀的倾听者，非常注重与下属的平等互动以及双向交流（Owens & Hekman，2012），这有助于跨界人员构建对团队现状和战略目标的认识框架。同时，向高层管理者寻求团队决策的支持是具有挑战性的，可能面临失败。谦卑型领导者客观看待自己，承认自身的不足，主动对失败负责，向下属传达了“容忍错误”的观念（Owens & Hekman，2012），这有助于下属建立清晰的自我认知，使其以积极的心态去尽力完成代表活动的任务。任务协调活动主要是协调相互依赖的各种努力的行为，其行为对象一般是与本团队同一层次外部利益的相关者（Ancona & Caldwell，1992；Marrone，2010）。跨界人员需要与外部相关人员定期联系，探讨诸如产品设计的问题，协调各项任务完成的时间等。谦卑型领导者认可和欣赏下属的优势，能提升下属在工作中的自我效能感，同时具有开放性，能为下属创造良好的工作条件并提供力所能及的帮助（Owens & Hekman，2012），这均有利于跨界人员在协调过程中充分展示自己的优势，与外部人员进行有效的互动。侦测活动主要是从外部获取信息、资源的行为，以满足团队对信息资源的需求，促进个体对环境的整体把握（Ancona & Caldwell，1992；Marrone，2010）。这需要跨界人员具有主动寻求外部资源的学习意识和较好的信息搜集、整理能力。谦卑型领导者在团队中积极塑造可教性，对学习保持开放性，主动向他人学习，并积极接纳新知识和新想法，为下属树立了向他人学习的好榜样（Owens & Hekman，2012），在无形中培养了下属的学习意识和探索精神，促使下属主动收集和接受来自外部环境中的资源和信息，同时不用担心信息搜集可能带来的负面影响。谦卑型领导对员工跨界行为的正向影响已得到部分实证研究的支持（邓志华，2018）。因此，谦卑型领导可能促进员工跨界行为的产生。

5.2.3 谦卑型领导与心理安全氛围

自 Kahn（1990）正式构建完整的员工心理安全理论后，心理安全感作为反映员工心理状态的变量受到学者们的重点关注。具有心理安全感的员工在工作中可以充分地展示自我，而不用担心可能产生的负面后果（Kahn，1990）。当员工认为自身所处的工作环境是可预测的、清晰的、持续性的，则会感知到心理安全，进而能积极地发挥自己的优势，大胆地进行有压力的、复杂的、可能有风险的工作内容，如创新活动等。心理安全主要涉及四个方面的安全感知，分别是管理风格和过程（Management Style and Process）、群体与群体间动力（Group and Intergroup Dynamics）、人际关系（Interpersonal Relationships）和组织规范（Organizational Norms）（Kahn，1990）。除了个体层面的心理安全感知以外，学术界早已开始关注团队或组织成员所共有的心理安全感知，即心理安全氛围。Edmondson1999 年首次提出，心理安全氛围是团队成员对在团队中承担风险的安全性的共享信念。后续，很多学者均在团队层面的研究中引入心理安全氛围这一变量（Chandrasekaran & Mishra，2012；Nemanich & Vera，2009）。

Edmondson（2004）提出，有五种因素会影响员工的心理安全，分别是同事间相互信任和相互尊重的人际关系、在非评估环境中实践新策略的机会、支持性的组织环境、非正式工作场所动态和领导行为。其中，管理者可以通过表现积极的行为来引导或改变员工对团队环境的心理安全感知（Edmondson，2002），先前的多个研究也从领导行为视角探讨了心理安全氛围的产生。Edmondson 和 Lee Lei（2014）提出，心理安全氛围的形成由三种领导行为特征决定。第一，可接近性（Accessibility），即管理者为下属提供与其交流的便捷途径，让下属易于接近自己并对下属进行方向性的指导。第二，寻求输入（Inviting Input），即管理者主动寻求他人的意见，并鼓励大家相互讨论。第三，保持开放性（Openness）和容错性（Fallibility），即管理者承认错误和容忍错误，并主动接受他人的新观点和新思想等。总之，管理者通过与下属积极互动、给下属提供反馈、鼓励下属通过尝试错误不断进步，这更容易促使团队成员形成一种集体的心理感知，即心理安全氛围（Walters & Diab，2016）。以上三点与 Owens 和 Hekman（2012）提出的自下而上的谦卑型领导的三个维度的内涵是密切关联的。因此，谦卑型领导能促进团队心理安全氛围的提升。先前有关个体心理安全感的研究发现，谦卑型领导对员工心理安全感有积极的影响（邓志华和肖小虹，2018；Walters & Diab，2016）。基于此，本研究提出以下理论假设：

假设 1：谦卑型领导对团队心理安全氛围有显著的正向影响。

5.2.4 心理安全氛围的中介作用

心理安全氛围作为一种重要的团队积极氛围，反映员工的心理安全状态，可能对员工的行为（员工跨界活动）产生积极影响。已有研究指出，心理安全氛围可以正向影响团队跨界活动（Edmondson，1999）。员工代表团队进行跨界活动是有压力和挑战的（Marrone，2010）。跨界人员不仅要处理好与团队内部成员间的关系，还要与相互依赖的合作团队进行横向交流，以及与高层管理者进行纵向的沟通。当团队具有良好的心理安全氛围时，同事之间、下属与管理者之间会形成一种相互信任的和谐的人际关系。首先，跨界人员扮演边界角色，意味着他们一定程度上控制了外部信息被获取与流入的路径，具有资源优势。同时，跨界人员与重要的外部利益相关者以及高层管理者甚至专家建立了正式的联系，获得了一定的人力资源优势。因此，与团队中的其他同事相比，跨界人员具有较高的地位。当团队形成心理安全氛围时，跨界人员不用担心自己扮演这一角色会受到同事的排挤，不用担心团队内部可能的人际风险（邓志华和肖小虹，2018），因此可以安心地做好跨界工作。其次，跨界人员进行代表活动，向高层管理者征求决策支持以及资源申请并不一定会取得成功。若处在安全的团队氛围中，跨界人员不用担心任务失败会受到团队领导的责罚。最后，在任务协调活动过程中，跨界人员需要作为代表协商有关产品设计、合作进度等方面的问题。但由于外部合作团队完成任务的质量、时间等具有一定的不确定性，双方的合作可能并不一定非常顺利。总之，跨界人员作为团队代表在进行跨界活动时往往承受着巨大的心理压力，可能对该工作角色存在畏惧感和排斥感，而团队心理安全氛围正好可以给从事跨界活动的个体“吃一颗定心丸”，使跨界人员安心发挥自己的能力和优势，积极开展跨界活动。

依据社会信息加工理论，人们会根据工作场所内的社会线索在社会中构建自己的观念和态度，从而影响个人的行为（Boekhorst，2015）。社会信息往往来自地位较高的人（Copeland，1994），如团队的管理者。谦卑型领导者可在团队中营造心理安全氛围，鼓励员工寻求帮助和意见反馈，并对员工表达关切和支持，使员工与团队外人员也能放心交流（Edmondson，2004）。员工接收到谦卑型领导传达的有关团队氛围的社会线索后，会意识到管理者对外部活动所持有的开放、包容和支持的态度，这将促进员工进行跨界活动。邓志华和肖小虹（2018）基于 78 个团队 283 名研发人员及其领导的配套数据研究发现，谦卑型领导通过营造良好的心理安全氛围进而影响团队的跨界行为。由于本研究更强调个体跨界活动的重要性，因此，基于以上分析，本研究提出以下理论假设：

假设 2：心理安全氛围在谦卑型领导与员工跨界活动之间起中介作用。

5.2.5 团队间任务互依性的调节作用

在传统封闭式视角下，任务互依性（Task Interdependence）代表一种典型的团队内部特征，指团队成员为实现团队目标，在任务执行时需要与其他成员展开合作与信息交流的关联程度（Wageman，1995）。当任务互依性高时，团队成员之间需要更多的沟通和协调行动才能实现目标；当任务互依性低时，个体则降低了与他人合作的动机，可以独立开展工作（Aubé et al.，2009）。

在开放式视角下，任务互依性强调的不是传统的反映团队内部员工之间在任务上的依赖关系，而是团队与团队之间的相互依赖程度。本研究的任务互依性指“团队间任务互依性”（Interteam Task Interdependence），即团队为了更有效地实现任务目标而需要依赖其他团队的程度（Hülsheger，Anderson & Salgado，2009）。团队内任务互依性和团队间任务互依性的概念核心是一致的，只是考察的视角不一致，前者关注团队内成员间的关系，后者则以团队为单位，关注本单位与团队外部之间的关系。在外部视角的研究中，彭增圆（2016）以互联网团队作为样本，发现互依性（包括任务互依性和目标互依性）对团队间协作过程以及多团队的有效性（多团队任务绩效、合作满意度、生命力）有显著正向影响。该结论说明，任务互依性在多团队协作的组织环境中较为重要。因此，本研究尝试将团队间任务互依性作为谦卑型领导通过心理安全氛围影响员工跨界活动的调节变量。

团队间任务互依性作为重要的团队任务特征，被认为是影响团队边界活动的重要影响因素（Dey & Ganesh，2017；Drach-Zahavy & Somech，2010）。当团队具有高的任务互依性时，团队需要更多地与外部团队横向交流，分享专业知识和资源。因此，高任务相依性的团队需要较多地进行任务协调活动，以实现他们的目标（Joshi et al.，2009）。在低团队间任务互依性下，团队之间几乎不需要进行互动，团队只需要专注内部的业务活动（Drach-Zahavy & Somech，2010），成员缺少开展跨界活动的动机。Drach-Zahavy 和 Somech（2010）基于社会认同理论探讨了任务互依性与目标互依性的四种交互情况对跨界活动的影响逻辑，结果得出，无论目标互依性是高还是低，低任务互依性都会导致团队减少跨界活动。总之，任务互依性可能作为调节变量影响心理安全氛围与跨界活动的关系，并且任务互异性会调节谦卑型领导通过心理安全氛围影响员工跨界活动的过程。因此，本研究提出以下理论假设：

假设 3：团队间任务互依性会正向调节心理安全氛围对员工跨界活动的影响。当任务互依性高时，心理安全氛围对员工跨界活动的影响更强；当任务互依性低时，心理安全氛围对员工跨界活动的影响会减弱。

假设 4：团队间任务互依性正向调节谦卑型领导通过心理安全氛围对员工跨界活动的影响，即与低团队间任务互依性相比，在高团队任务互依性的情况下，谦卑型领导对跨界活动的间接影响更强。

5.3 研究方法

5.3.1 研究样本与调查程序

本研究以中小企业的工作团队为研究样本，一个团队由一名直接上司和三名直接下属组成。在数据收集时，直接上司填写“企业管理者问卷”，主要对团队间任务互依性进行评价；员工填写“企业员工问卷”，主要对员工跨界活动、感知的心理安全氛围、管理者的谦卑型领导行为进行评价。发放问卷前，对管理者和员工问卷进行配对编号，待联络人仔细阅读问卷填写说明后再将问卷分别发放给团队管理者和三名员工。问卷采用匿名填写的方式，以确保问卷数据的真实性。

本研究共发放 90 套问卷，最终回收的有效数据为 62 套，有效率为 68.89%。样本的管理者和员工的基本信息如表 5-1 所示，团队的基本信息如表 5-2 所示。

表 5-1　员工和管理者的人口学信息分析结果

变量	类别	员工（n=186）		类别	管理者（N=62）	
		人数	百分比（%）		人数	百分比（%）
性别	男	114	61.30	男	46	74.20
	女	72	38.70	女	16	25.80
年龄	25 岁及以下	123	66.10	25 岁及以下	12	19.40
	26~30 岁	34	18.20	26~30 岁	21	33.90
	31~35 岁	18	9.70	31~35 岁	15	24.20
	36~40 岁	5	2.70	36~40 岁	4	6.50
	41~45 岁	2	1.10	41~45 岁	6	9.70
	46 岁以上	4	2.20	46 岁以上	4	6.50
工龄	0~3 年	127	68.30	5 年以上	23	37.10
	4~6 年	19	10.20	6~10 年	21	33.80
	7~9 年	18	9.70	11~15 年	8	12.90
	10~12 年	10	5.40	16~20 年	6	9.70
	13 年以上	12	6.50	20 年以上	4	6.50
司龄	0~3 年	158	84.90	0~3 年	29	46.80
	4~6 年	13	7.00	4~6 年	17	27.40
	7~9 年	3	1.60	7~9 年	9	14.50
	10~12 年	2	1.10	10~12 年	3	4.80
	13 年以上	10	5.40	13 年以上	4	6.50

续表

变量	类别	员工（n=186）		类别	管理者（N=62）	
		人数	百分比（%）		人数	百分比（%）
学历	高中（中专）及以下	14	7.50	高中（中专）及以下	3	4.80
	大学专科	45	24.20	大学专科	9	14.50
	大学本科	119	64.00	大学本科	49	79.00
	研究生	8	4.30	研究生	1	1.60

表 5-2　样本团队的基本信息分析结果（N=62）

变量	类别	团队数	百分比（%）
企事业性质	国企	5	8.1
	民营企业	46	74.2
	外资企业	10	16.1
	事业单位	1	1.6
团队类型	市场销售	25	40.3
	技术研发	14	22.6
	服务	10	16.1
	生产	1	1.6
	管理	6	9.7
	其他	6	9.7
团队发展阶段	形成期	13	21.0
	震荡期	4	6.5
	规范期	30	48.3
	稳定期	15	24.2
团队规模	5人及以下	13	21.0
	6~10人	20	32.3
	11~15人	18	29.0
	16~20人	3	4.8
	20人以上	8	12.9

5.3.2 测量工具

本研究所使用的测量工具均来自国外学者开发的较为成熟的量表，均采用 Likert5 点量表进行评价，其中“1”表示非常不同意，“5”表示非常同意，从 1 到 5，同意程度不断增加。

谦卑型领导：采用 Owens 等（2013）开发的谦卑型领导量表。该量表共有九个条目，代表性的条目有“我的上司承认自己在某些方面技不如人”“我的上司经常称赞他人的优点”等。该量表在本研究中的 Cronbach's α 系数为 0.89。

心理安全氛围：采用 Edmondson（1999）开发的心理安全氛围量表。该量表共七个条目，代表性的条目有“在团队中如果我出了差错，不会受到歧视”“在团队中，获得他人帮助是很容易的”等。该量表在本研究中的 Cronbach's α 系数为 0.87。

员工跨界活动：借鉴 Marrone，Tesluk 和 Carson（2007）的做法，依据 Ancona 和 Caldwell（1992）开发和验证的三因子 21 条目的跨界活动量表，分别在任务协调活动、侦测活动、代表活动这三个维度中各选取两个因子载荷较高且更符合各维度内涵的条目作为员工跨界活动的测量量表。该量表代表性的条目有“我会从团队外部人那里为我们团队收集技术信息和想法”“我会与外部群体协商工作，推进任务的完成”“我会代表团队与外界对话”。该量表在本研究中的 Cronbach's α 系数为 0.83。

团队间任务互依性：借鉴 Bishop 和 Scott（2000）开发的任务互依性量表，共有四个条目。由于本研究的任务互依性是基于外部视角反映团队之间的关系，因此，本研究参考了 Somech 和 Khalaili（2014）在团队间目标互依性对边界活动影响的实证研究中选取量表的方法，在表述上将员工与员工之间的关系替换为团队与外部团队之间的关系。该量表代表性的条目有“要想取得高绩效，我们团队间相互依赖很重要”“要想让我们团队更好地完成任务，必须与外部团队保持良好的沟通”。该量表在本研究中的 Cronbach's α 系数为 0.68，略低于一般要求的 0.7 的标准。DeVellis（1991）提出，α 系数值界于 0.65 至 0.70 是最小可接受值。由于基于外部视角的相关实证研究近年来才出现，目前还没有信度较高的针对外部视角的任务互依性量表，加之本研究所使用的任务互依性量表的条目数较少，可能直接导致量表的信度较低。因此，本研究只能采用该量表进行测量。

控制变量：Joshi 等（2009）认为，个体人口统计特征与边界跨越活动有关，如员工的年龄、任期等。本研究将员工的部分人口学变量当作控制变量，主要包括年龄、工龄以及司龄。

5.4 结果与分析

5.4.1 测量工具的区分效度检验

为检验变量间的区分效度，本研究使用 Mplus7.0 软件在个体层面对谦卑型领导、心理安全氛围、团队间任务互依性、员工跨界活动进行验证性因子分析，选取 χ^2/df、CFI、TLI、RMSEA、SRMR 这五个模型指标来说明数据与模型的拟合情况。验证性因子分析的统计结果如表 5-3 所示。

表 5-3 区分效度的验证性因子分析结果

模型	χ^2	df	χ^2/df	CFI	TLI	RMSEA	SRMR
四因素模型	281.26	157	1.79	0.92	0.91	0.07	0.06
三因素模型	486.34	167	2.91	0.80	0.77	0.10	0.07
二因素模型	606.04	169	3.59	0.72	0.69	0.12	0.09
一因素模型	900.91	170	5.30	0.54	0.48	0.15	0.13

注：四因素模型包括谦卑型领导、心理安全氛围、团队间任务互依性、员工跨界活动；三因素模型包括谦卑型领导+心理安全氛围、团队间任务互依性、员工跨界活动；二因素模型包括谦卑型领导+心理安全氛围、团队间任务互依性+员工跨界活动；一因素模型包括谦卑型领导+心理安全氛围+团队间任务互依性+员工跨界活动。

本研究的假设模型是四因素模型。由表 5-3 可知，四因素模型的拟合指数良好（χ^2/df = 1.79，CFI =0.92，TLI =0.91，RMSEA =0.07，SRMR = 0.06），而三因素、二因素和一因素模型的拟合指数明显低于四因素模型。因此，本研究的四个测量工具具有较好的区分效度。

5.4.2 数据聚合指标检验

由于本研究把谦卑型领导和心理安全氛围作为团队层面的变量，在测量上是由团队成员自我报告的。因此，在进行数据统计分析前，首先把个体层面评价的谦卑型领导、心理安全氛围的数据聚合到团队层面。采用组内一致性系数 R_{wg}及组间差异性系数 ICC（1）和 ICC（2）三个聚合指标对聚合的可靠性进行检验。借助 SPSS24.0 软件进行 Syntax 编程得到 R_{wg}的值，在 SPSS24.0 中进行数据分析得到 ICC（1）和 ICC（2）的值。统计检验结果如表 5-4 所示。

表 5-4 谦卑型领导、心理安全氛围的数据聚合检验结果

变量	R_{wg}（平均数/中位数）	ICC（1）	ICC（2）
谦卑型领导	0.96/0.97	0.26	0.52
心理安全氛围	0.91/0.96	0.26	0.52

由表 5-4 可知，各变量的 ICC（1）、ICC（2）、R_{wg}均符合 R_{wg}>0.70，ICC（1）>0.12、ICC（2）>0.5 的要求（Bliese，2000）。因此，谦卑型领导和心理安全氛围由个体层面聚合到团队层面是可行的。

5.4.3 描述性统计分析

对本研究所涉及的各变量的均值、标准差和相关系数进行统计，分析结果如表 5-5 所示。

表 5-5 变量的描述性统计分析结果

变量	M	SD	1	2	3
个体层变量（n=186）					
1. 员工年龄		1.08			
2. 员工司龄		0.99	0.71**		

续表

变量	M	SD	1	2	3
3. 员工工龄		1.23	0.89**	0.68**	
4. 员工跨界活动	3.50	0.64	-0.08	-0.01	-0.05
团队层变量（N=62）					
1. 谦卑型领导	3.98	0.47			
2. 心理安全氛围	4.06	0.47	0.69**		
3. 团队间任务互依性	4.26	0.57	0.02	-0.08	

注：*** 代表 $p<0.001$，** 代表 $p<0.01$，* 代表 $p<0.05$；年龄、司龄以及工龄数值的具体情况如表 5-1 所示。

由表 5-5 可知，谦卑型领导与心理安全氛围呈显著正相关（$r=0.69$，$p<0.01$）。两者的相关系数小于 0.70，属于中度相关（吴明隆，2010），这为本研究的假设 2 提供了初步支持。员工年龄、司龄、工龄等与跨界活动相关不显著。

5.4.4 假设检验结果

由于本研究的因变量位于个体层，其他变量位于团队层，需要构建跨层模型进行假设验证。依据方杰、温忠麟、张敏强和任皓（2014）的建议，在进行多层模型的假设检验前，先检验因变量在团队层面是否存在变异。使用 SPSS24.0 计算的员工跨界活动的组内相关 ICC（1）= 0.23，大于 0.12 的标准，这表明员工跨界活动的评价有显著的组间差异，因此进行多层分析是十分有必要的。

5.4.4.1 心理安全氛围的跨层中介效应检验

构建 2-2-1 多层结构方程模型进行中介分析。在检验中介作用中，Bootstrapping 法由于具有较高的检验力（温忠麟、叶宝娟，2014），近年来受到许多学者的青睐（盛宇华、蒋舒阳和杜鹏程，2017；陈晨、时勘和陆佳芳，2015）。本研究使用 Mplus7.0 软件进行统计分析，并使用 R 语言在 R 软件中进行参数 Bootstrapping 法检验，进行 20000 次的参数抽样，依据间接效应的95%的置信区间中是否包含 0 来检验跨层中介效应，统计结果如表 5-6 所示。

表 5-6　心理安全氛围的跨层中介效应检验结果

变量	第一阶段：心理安全氛围		第二阶段：员工跨界活动	
	系数	标准误	系数	标准误
员工年龄			-2.12*	1.08
员工工龄			0.75	0.44
员工司龄			1.67	0.88
谦卑型领导	0.69***	0.11	0.03	0.15
心理安全氛围			0.40**	0.14

注：*** 代表 $p<0.001$，** 代表 $p<0.01$，* 代表 $p<0.05$。

按照依次检验的步骤，谦卑型领导对心理安全氛围有显著的正向影响（$\beta=0.69$，$p<0.001$），因此假设 1 得到验证。在引入心理安全氛围作为中介变量后，心理安全氛围对员工跨界活动的影响呈显著正相关（$\hat{y}=0.40$，$p<0.01$），而谦卑型领导对员工跨界活动的影响变为不显著（$\hat{y}=0.03$，$p>0.05$）。因此，该间接效应显著，假设 2 得到支持。图 5-2 描述了该中介作用路径的分析结果。

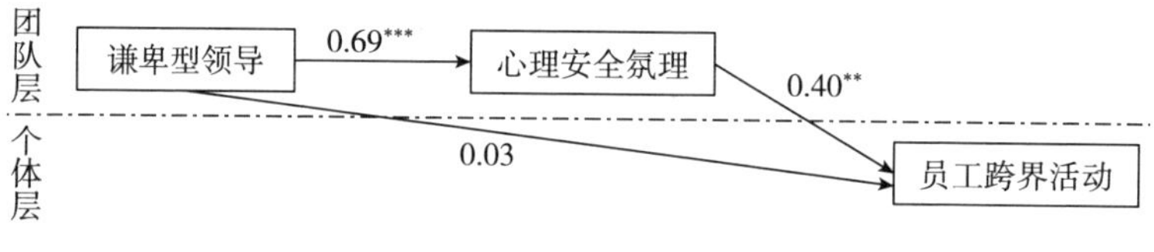

图 5-2　心理安全氛围的跨层中介效应路径

此外，本研究直接使用 Bootstrapping 法检验间接效应的显著性，如表 5-7 所示，谦卑型领导通过心理安全氛围对员工跨界活动的正向影响显著（$\hat{y}=0.28$，$p<0.01$）。依据参数 Bootstrapping 检验结果，95% 置信区间是 [0.08，0.50]，不包含 0。因此，心理安全氛围的中介效应显著，假设 2 得到了验证。

表 5-7 心理安全氛围的中介效应显著性检验的 Bootstrapping 分析结果

中介路径	中介效应值		95%置信区间	
	系数	标准误	上限	下限
谦卑型领导→心理安全氛围→员工跨界活动	0.28**	0.10	0.08	0.50

注：** 代表 p<0.01。

5.4.4.2 团队间任务互依性的跨层次调节效应检验

在进行调节效应检验时，为了减少多重共线性的问题，首先对自变量和调节变量进行中心化（Aiken & West，1991；陈晓萍、徐淑英和樊景立，2012）。本研究对所涉及的调节变量和自变量进行了中心化处理。由于本研究的调节变量是调节整体模型的后半段，即调节了中介变量（心理安全氛围）与后果变量（员工跨界活动）之间的关系，而且这两个变量均在二层存在变异，因此，分别对心理安全氛围和员工跨界活动进行总平均值中心化。

使用 Mplus7.0 软件对团队间任务互依性在心理安全氛围与员工跨界活动之间的调节作用进行检验，统计结果如表 5-8 所示。研究结果表明，团队间任务互依性对心理安全氛围与员工跨界活动之间的关系起显著的正向调节作用（$\hat{y}=0.49$，$p<0.05$）。因此，假设 3 得到验证。

表 5-8 团队间任务互依性对心理安全氛围与员工跨界活动之间关系调节作用的分析结果

变量	员工跨界活动	
	系数	标准误
员工年龄	-1.88*	0.91
员工工龄	0.65	0.38
员工司龄	1.50*	0.75
心理安全氛围	0.39***	0.12
团队间任务互依性	0.08	0.09
心理安全氛围 × 团队间任务互依性	0.49*	0.21

注：*** 代表 p<0.001，* 代表 p<0.05。

为了更直观深入地考察团队间任务互依性对心理安全氛围与员工跨界活动调节作用的方向和大小，本研究以任务互依性均值的加减 1 个标准差为分组标准，分别就高任务互依性和低任务互依性情况下心理安全氛围与员工跨界活动的关系绘制调节效应图，具体如图 5-3 所示。由图 5-3 可知，与低任务互依性相比，当团队间任务互依性高时，心理安全氛围对员工跨界活动的正向影响更强。因此，假设 3 得到进一步验证。

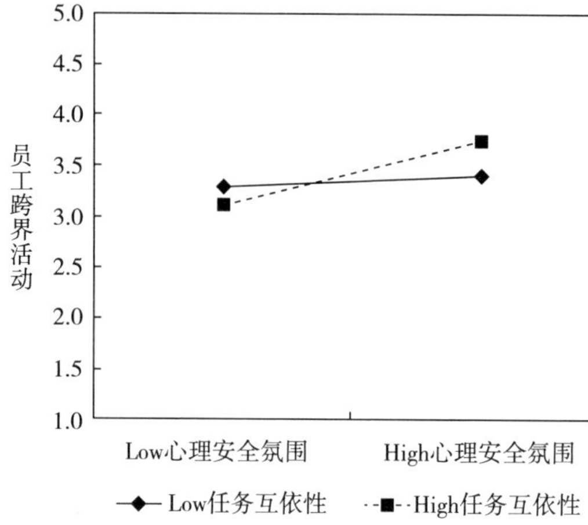

图 5-3　团队间任务互依性的调节效应

5.4.4.3　被调节的中介效应检验结果

依据 Zhang，LePine，Buckman 和 Wei（2014）以及 Edwards 和 Lambert（2007）处理被调节的中介模型的方法，本研究以调节变量的加减 1 个标准差为调节变量高与低的取值，检验两种情况下调节变量对谦卑型领导间接效应的影响。运用 Mplus7.0 软件统计所得的全模型统计结果如表 5-9 所示。

表 5-9　被调节的中介模型的回归分析结果

变量	第一阶段：心理安全氛围		第二阶段：员工跨界活动	
	系数	标准误	系数	标准误
员工年龄			-1.84*	0.91
员工工龄			0.64	0.38

续表

变量	第一阶段：心理安全氛围		第二阶段：员工跨界活动	
	系数	标准误	系数	标准误
员工司龄			1.46*	0.74
谦卑型领导	0.69***	0.11	0.02	0.11
心理安全氛围			0.41**	0.14
团队间任务互依性			0.07	0.08
心理安全氛围×团队间任务互依性			0.30	0.18

注：*** 代表 $p<0.001$，** 代表 $p<0.01$，* 代表 $p<0.05$。

由表 5-9 可知，在全模型中，心理安全氛围对员工跨界活动的影响仍然显著（$\hat{y}=0.41$，$p<0.01$）。依据上述参数，在 R 软件中进行参数 Bootstrapping 检验，统计结果如表 5-10 所示。由表 5-10 可知，在高任务互依性下，谦卑型领导通过心理安全氛围对员工跨界活动的间接效应值为 0.40，95%置信区间为［0.15，0.69］，不包括 0，间接效应显著；在低任务互依性下，间接效应值为 0.16，95%置信区间为［-0.08，0.43］，包括 0，即间接效应不显著。因此，假设 4 得到验证。

表 5-10 跨层次被调节的中介效应的 Bootstrapping 分析结果

效应	调节变量	系数	标准误	95%置信区间	
				下限	上限
间接效应	高任务互依性	0.40***	0.12	0.15	0.69
	低任务互依性	0.16	0.12	-0.08	0.43

注：*** 代表 $p<0.001$。

5.5 研究结论

本研究以社会信息加工理论为基础，检验了谦卑型领导通过心理安全氛围对员工跨界活动的间接影响，并验证了团队间任务互依性在模型第二阶段的调节作用。研究发现，谦卑型领导的塑造可教性、开放性、承认自身不足、欣赏员工以及注重与员工的双向沟通等特征均有助于团队形成良好的心理安全氛围，打消员工对进行跨界活动可能面临任务失败等潜在风险的顾虑，从而促使员工开展更多的跨越团队边界的活动；在团队间任务互依性较高时，谦卑型领导通过心理安全氛围对员工跨界活动的间接影响更强，而在团队间任务互依性较低时，谦卑型领导无法通过心理安全氛围更好地影响员工的跨界活动。本研究的理论意义主要有以下几点：

第一，研究从社会信息加工理论视角揭示了谦卑型领导影响员工跨界活动的中介机制。该研究结果不仅补充了邓志华和肖小虹（2018）的研究结果，揭示了谦卑型领导对员工跨界活动的促进作用，而且有助于人们更好地理解员工跨界活动的形成过程。先前的谦卑型领导研究很少关注谦卑型领导与重要的员工活动——跨界活动之间的关系，还没能更加全面地证明谦卑型领导的有效性，本研究是一个很好的补充。此外，目前极为缺乏对员工跨界活动的驱动机制的实证研究。本研究发现，谦卑型领导可以经由心理安全氛围跨层次间接影响员工跨界活动，表明了谦卑型领导和心理安全氛围对促进员工参与跨界活动的重要性。个体代表团队进行跨界活动是有风险和压力的，个体需要同时涉足团队内部和外部的活动，处理好团队内外部的矛盾需求（Morrone，2010），还可能面临“无法获得管理者的决策支持和资源支持以及平衡各方利益关系”的失败结果。本研究的结果进一步拓展了组织环境因素（如领导因素和团队因素）对跨界活动的积极影响。

第二，研究验证了团队间任务互依性在心理安全氛围与员工跨界活动之间的调节作用，同时也发现了团队间任务互依性调节谦卑型领导经由心理安全氛围影响员工跨界活动的间接路径。研究结果表明，任务特征会影响谦卑型领导对跨界活动的间接效应，除了领导行为和团队氛围之外，员工会依据任务特征来选择是否进行跨界活动。例如，当团队间任务互依性低时，员工承担的工作任务更多地存在于团队内部，员工即使感知到了管理者营造的良好的心理安全氛围，依然会更多地专注于团队内部的本职工作。因此，本研究不仅拓展了谦卑型领导影响效应的边界条件研究，而且拓展了员工跨界活动驱动过程的边界条件研究。此外，先前有关员工跨界活动形成过程的边界条件研究多关注领导风格的调节作用（张华磊等，2014；樊骅，刘益和韩冰，2015），本研究选取任务特征（任务互依性）作为调节变量，同时关注团队特征（谦卑型领导风格和心理安全氛围）和任务特征（任务互依性）对跨界活动的影响，呼应了张华磊等（2014）所强调的“将情境因素纳入研究模型”的倡议，并得出了有价值的研究结果。

参考文献

Aiken，L. S. & West，S. G.（1991）. *Multiple Regression：Testing and Interpreting Interations*. Newbury Park：Sage.

Ancona，D. G. & Caldwell，D. F.（1992）. Bridging the boundary：External activity and performance in organizational teams. *Administrative Science Quarterly*，37（4），634-665.

Aubé，C.，Rousseau. V.，Mama，C. & Morin，E. M.（2009）. Counterproductive behaviors and psychological well-being：The moderating effect of task interdependence. *Journal of Business and Psychology*，24（3），351-361.

Bishop，J. W. & Scott，K. D.（2000）. An examination of organizational and team commitment in a self-directed team environment. *Journal of Applied Psychology*，85（3），439-450.

Bliese，P. D.（2000）. Within-group agreement，non-independence，and reliability：Implications for data aggregation and analysis. In K. J. Klein & S. W. Kozlowski（Eds.），*Multilevel theory，research，and methods in organizations*（pp. 349 -381）. San Francisco：Jossey-Bass.

Boekhorst，J. A.（2015）. The role of authentic leadership in fostering workplace inclusion：A social information processing perspective. *Human Resource Management*，54（2），241-264.

Chandrasekaran，A. & Mishra，A.（2012）. Task design，team context，and psychological safety：An empirical analysis of R&D projects in high technology organizations. *Production & Operations Management*，21（6），977-996.

Copeland，J. T.（1994）. Prophecies of power：Motivational implications of social power for behavioral confirmation. *Journal of Personality & Social Psychology*, 67 (2), 264-277.

Devellis, R. F. (1991). *Scale development: Theory and applications*. Newbury Park: Sage Publications.

Dey, C. & Ganesh, M. P. (2017). Team boundary activity: a review and directions for future research. *Team Performance Management*, 23 (3), 273-292.

Drach-Zahavy, A. & Somech, A. (2010). From an intrateam to an interteam perspective of effectiveness: The role of interdependence and boundary activities. *Small Group Research*, 41 (41), 143-174.

Edmondson, A. C. & Lei, Z. (2014). Psychological safety: The history, renaissance, and future of an interpersonal construct. *Annual Review of Organizational Psychology and Organizational Behavior*, (1), 23-43.

Edmondson, A. C. (2004). Psychological safety, trust, and learning in organizations: A group-level lens. In Kramer, R. M., Cook, K. S. (Eds.), *Trust and Distrust in Organizations: Dilemmas and Approaches* (pp. 239-272). New York: Russell Sage Foundation.

Edmondson, A. C . (2002). The Local and Variegated Nature of Learning in Organizations: A Group-Level Perspective. *Organization Science*, 13 (2), 128-146.

Edmondson, A. (1999). Psychological safety and learning behavior in work teams. *Administrative Science Quarterly*, 44 (2), 350-383.

Edwards, J. R. & Lambert, L. S. (2007) . Methods for integrating moderation and mediation: A general analytical framework using moderated path analysis. *Psychological Methods*, 12 (1), 1-22.

Hülsheger, U. R., Anderson, N. & Salgado, J. F. (2009). Team-level predictors of innovation at work: A comprehensive meta-analysis spanning three decades of research. *Journal of Applied Psychology*, 94 (5), 1128-1145.

Hu, J., Erdogan, B., Jiang, K., Bauer, T. N. & Liu, S. (2018). Leader humility and team creativity: The role of team information sharing, psychological safety, and power distance. *Journal of Applied Psychology*, 103 (3), 313-323.

Joshi, A., Pandey, N. & Han, G. (2009). Bracketing team boundary spanning: An examination of task - based, team - level, and contextual antecedents. *Journal of Organizational Behavior*, 30 (6), 731-759.

Kahn, W. A. (1990). Psychological conditions of personal engagement and disengagement at work. *Academy of Management Journal*, 33 (4), 692-724.

Malhotra, A. & Majchrzak, A. (2004). Enabling knowledge creation in far-flung teams: best practices for IT support and knowledge sharing. *Journal of Knowledge Management*, 8 (4), 75-88.

Marrone, J. A. (2010). Team boundary spanning: A multilevel review of past research and proposals for the future. *Journal of Management*, 36 (4), 911-940.

Marrone, J. A., Tesluk, P. E. & Carson, J. B. (2007). A multilevel investigation of antecedents and consequences of team member boundary-spanning behavior. *Academy of Management Journal*, 50 (6), 1423-1439.

Nemanich, L. A. & Vera, D. (2009). Transformational leadership and ambidexterity in the context of an acquisition. *Leadership Quarterly*, 20 (1), 19-33.

Owens, B. P. & Hekman, D. R. (2012). Modeling how to grow: An inductive examination of humble leader behaviors, contingencies, and outcomes. *Academy of Management Journal*, 55 (4), 787-818.

Owens, B. P., Johnson, M. D. & Mitchell, T. R. (2013). Expressed humility in organizations: implications for performance, teams, and leadership. *Organization Science*, 24 (5), 1517-1538.

Pandey, N. & Han, G. (2009). Bracketing team boundary spanning: An examination of task-based, team-level, and contextual antecedents. *Journal of Organizational Behavior*, 30 (6), 731-759.

Salancik, G. R., Pfeffer, J. (1978). A social information processing approach to job attitudes and task design. *Administrative Science Quarterly*, 23 (2), 224-253.

Somech, A. & Khalaili, A. (2014). Team boundary activity: its mediating role in the relationship between structural conditions and team innovation. Group & Organization Management, 39 (3), 274-299.

Wageman, R. (1995). Erratum: Interdependence and group effectiveness.

Administrative Science Quarterly, 40 (2), 367.

Walters, K. N. & Diab, D. L. (2016). Humble leadership: implications for psychological safety and follower engagement. *Journal of Leadership Studies*, 10 (2), 7-18.

Zhang, Y., Lepine, J. A., Buckman, B. R. & Wei, F. (2014). It's Not Fair... Or Is It? The Role of Justice and Leadership in Explaining Work Stressor-Job Performance Relationships. *Academy of Management Journal*, 57 (3), 675-697.

陈晨，时勘，陆佳芳.（2015）. 变革型领导与创新行为：一个被调节的中介作用模型. 管理科学，（4），11-22.

陈晓萍，徐淑英，樊景立.（2012）. 组织与管理研究的实证方法（第2版）. 北京：北京大学出版社.

邓志华，肖小虹.（2018）. 谦卑型领导对团队跨界行为的影响：团队过程与团队氛围的不同作用. 预测，37（4），46-52.

樊骅，刘益，韩冰.（2015）. 角色压力与共享领导力对跨界员工创造力的作用研究. 软科学，29（12），77-81.

方杰，温忠麟，张敏强，任皓.（2014）. 基于结构方程模型的多层中介效应分析. 心理科学进展，22（3），530-539.

刘松博，李育辉.（2014）. 员工跨界行为的作用机制：网络中心性和集体主义的作用. 心理学报，46（6），852-863.

彭增圆.（2016）. 多团队互依性、协作过程和有效性关系的实证研究. 杭州：浙江工商大学.

盛宇华，蒋舒阳，杜鹏程.（2017）. 精神型领导与员工创新行为——基于团队间跨层次的被调节中介模型. 软科学，（3），77-82.

温忠麟，叶宝娟.（2014）. 中介效应分析：方法和模型发展. 心理科学进展，（22），731-745.

吴明隆.（2010）. 问卷统计分析实务：SPSS 操作与应用. 重庆：重庆大学出版社.

张华磊，袁庆宏，王震，黄勇.（2014）. 核心自我评价、领导风格对研发人员跨界行为的影响研究. 管理学报，11（8），1168-1176.

张军成.（2016）. 谦卑型领导对员工建言行为的影响：心理安全感与主动型人格的作用. 商业经济与管理，1（11），25-33.

周建涛，廖建桥.（2018）. 基于社会信息加工理论的谦逊领导对员工工作绩效的作用机制研究. 管理学报，15（12），1789-1798.

周琦玮，李倩，钱晓烨.（2017）. 谦卑领导行为对团队创新影响的实证研究. 科学学与科学技术管理，38（9），159-172.

祝思敏，王碧英.（2019）. 谦卑型领导对员工工作卷入和创新行为的影响——团队氛围的中介作用. 科技管理研究，39（3），159-166.

6 谦卑型领导对员工越轨行为的跨层影响

6.1 问题提出

过去几十年，学者们如 Owens 等（2013）、Owens 和 Hekman（2012）、Chowdhury（2014）将领导者的谦卑提升到了一个极其重要的位置。因为由领导者的傲慢、贪婪、以自我为中心等所导致的不当行为给公司带来负面影响的新闻屡见不鲜，如 2014 年通用汽车的“召回门”事件等，所以领导者的谦卑越来越被认为是影响领导效能的关键因素（Vera & Rodriguez-Lopez，2004），并被作为其他领导风格如公仆型领导（Sousa & Dierendonck，2017）和第五级领导（Collins，2001）的重要特征之一。Owens 和 Hekman（2012）在结合前人研究的基础上进一步证实了领导者谦卑在有效领导中所起的关键作用，并正式提出了“谦卑型领导”的概念。此外，国内外很多成功的企业家都具备谦卑的特质，如马云、柳传志、苹果公司 CEO 库克（Gatehouse & Jonathon，2011）等，谦卑型领导在实践中的成功应用受到了更多研究者的关注。作为一种新型的领导风格，谦卑型领导对员工绩效的积极影响（Owens & Hekman，2016；Rego et al.，2017）已得到了大量验证，如谦卑型领导可以促进员工的创新行为（Ehrenhard & Rank，2015）、促进性和抑制性建言行为（张亚军等，2017）、增强组织认同（Nielsen，Marrone & Slay，2010），提升追随者的敬业度和营造心理安全氛围（Walters & Diab，2016）等。然而，在组织管理中，员工的正向行为和负向行为可能是同时存在的，谦卑型领导除了能够诱发员工的正面反应以外，是否能够抑制员工的负面反应，如对各类企业影响巨大的组织越轨行为和人际越轨行为？我国当前正处在经济转型期和快速发展期，劳资关系和产权关系纠纷等问题日益突出，员工的越轨行为也日益增多，甚至成为降低组织绩效和威胁企业生存发展的重要因素（章发旺和廖建桥，2016）。因此，探讨领导行为如何减少员工越轨行为具有极其重要的现实意义。由于谦卑型领导在营造良好的团队氛围方面具有很大的优势，所以本研究将继续探讨谦卑型领导是否可以通过营造良好的人际公平氛围来影响员工的组织越轨行为和人际越轨行为。

谦卑型领导对员工行为的影响可能是有边界条件的，并不是任何时候都可以影响员工行为。先前的研究主要从员工特征和自我认知、上下级关系以及团队特征等方面对谦卑型领导影响效应的边界条件进行探讨，对领导者的其他特征对谦卑型领导影响效应的调节作用关注不足。先前的部分研究关注了领导者言行一致（高日光和李胜兰，2018）、领导者权力（Wang et al.，2018）、领导者专业技能（李洁、梁巧转和张真真，2018）、管理者自恋特征（Zhang et al.，2017）、领导者的自我牺牲精神（董甜甜和余璇，2019）等领导者因素对谦卑型领导影响效应的调节作用，但对不同领导行为的联合作用却未有涉及。Sousa 和 van Dierendonck（2017）在个体层面上探讨了道德谦卑与行动驱动两种领导行为的互补性，但更多的是把谦卑作为行动驱动型领导行为作用效果发挥的调节变量，而我们更需要关注哪些领导行为可以促进谦卑型领导作用效果的发挥。Rego 等（2017）在其研究中提出未来的研究要考察谦卑型领导的“真诚性”是否调节了谦卑型领导与领导效能之间的关系。由于谦卑可能给下属“假谦虚”的感觉，领导行为的真诚性会纠正员工对领导的认知，从而更有利于谦卑型领导作用的发挥。因此本研究还将探讨真诚型领导在谦卑型领导与员工越轨行为之间的调节作用，研究模型如图 6-1 所示。

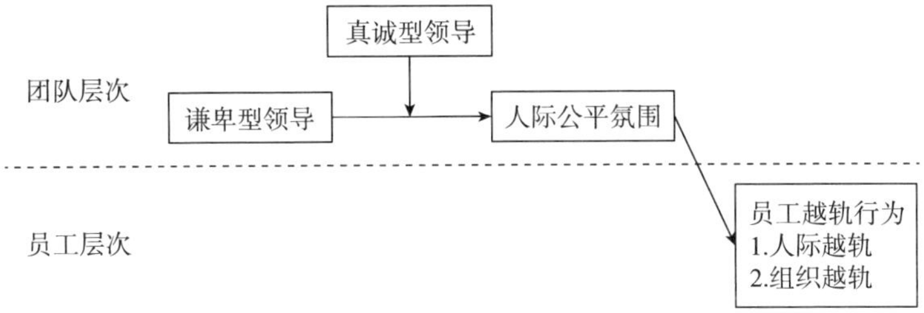

图 6-1 谦卑型领导对员工越轨行为影响的研究模型

6.2 研究假设

6.2.1 谦卑型领导与员工越轨行为

学术界对员工越轨行为（Employee Deviance Behavior）的概念表述及分类并没有统一的看法，目前最被学者认可的概念由 Robinson 和 Bennett（1995）提出，认为员工越轨行为是员工明确违反组织规定、政策，并对整个组织或组织内成员造成损害的行为。随后，两位学者又根据行为对象将员工越轨行为分为组织越轨行为（WDB-O）和人际越轨行为（WDB-I）（Bennett & Robinson，2000），前者是针对组织整体的越轨行为，后者是针对管理者或同事的越轨行为。国内学者孙建敏和王震（2011）通过实证研究证实了组织越轨行为和人际越轨行为属于员工越轨行为中的不同部分。因此，本研究拟采用上述概念和分类来关注谦卑型领导对员工越轨行为的影响。

谦卑型领导为员工树立了好的典范，可有效防止员工展现不良行为。由于管理者拥有较高的地位和权力，所以下属更容易去效仿管理者（Yaffe & Kark，2011；Cialdini & Trost，1998），特别是当员工无法做出正确判断时，会更期望管理者进行一定的暗示或示范。谦卑型领导者能够客观地认识自己，承认自身的不足并不断完善自我；发现和欣赏他人的优势，并保持积极的心态向他人学习；以开放的心态倾听彼此的反馈和新想法（Owens & Hekman，2012）。谦卑型领导的行为表现可能会促使员工以其为榜样，学习其为人处世的态度、行为和价值观，从而表现出更少的针对组织和同事的越轨行为，尤其是减少人际越轨行为。此外，谦卑型领导者关心、包容和培养员工等他人导向的行为，可让员工在工作中学会换位思考，更多地从他人的角度来思考问题，从而可能会使员工减少指向组织和指向他人的越轨行为。谦卑型领导可能促使员工尊敬、感激领导者，基于社会交互以更有利于组织和团队的方式回馈组织（Walters & Diab，2016），从而可能减少上述两类越轨行为。基于以上分析，本研究提出以下理论假设：

假设 1a：谦卑型领导负向影响员工的人际越轨行为。

假设 1b：谦卑型领导负向影响员工的组织越轨行为。

6.2.2 人际公平氛围的中介作用

基于文献分析，谦卑型领导对员工越轨行为的影响不一定是直接的，可能会通过改变员工对管理者、组织和团队的认知，员工的自我认知，领导者自身的工作行为、团队特征以及组织层面的工作方式等来影响员工绩效和组织绩效。在先前的谦卑型领导中介机制的研究中，学者们关注最多的是谦卑型领导通过改变团队氛围进而改变团队有效性或个体行为（刘新梅等，2019；Hu et al.，2018；Ou et al.，2014）。公平氛围是团队或组织成员对所处工作环境公平性的共同感知，包括分配公平氛围、程序公平氛围（Procedural Justice Climate，PJC）和互动公平氛围（Interactional Justice Climate，IJC）（Cropanzano et al.，2001）。汪新艳和廖建桥（2009）立足于中国组织情境，认为互动公平氛围对领导与下属关系的影响更大。互动公平氛围属于公平氛围中的人际维度（Liao & Rupp，2005），因此也有学者将上述三维结构中的互动公平氛围用人际公平氛围（Interpersonal Justice Climate）代替，如李太、涂乙冬和李燕萍（2013）及刘蕴、李燕萍和涂乙冬（2016），或者直接译为人际公平氛围。本研究重点研究团队中领导行为影响下属行为的互动过程，因此，将关注在中国组织情境下，谦卑型领导是否可以通过改变人际公平氛围进而对员工越轨行为产生影响。

首先，谦卑型领导有助于团队形成良好的人际公平氛围。谦卑型领导者尊重员工提出的新观点和新想法，总是以欣赏的眼光看待员工的优点，对员工的个人成长和职业发展提供帮助，这些行为可让下属感知到来自领导者的尊重和友好。当团队成员受到领导尊重和友好对待时，会减少对领导的偏见，有利于团队形成良好的人际公平氛围。最为重要的是，谦卑型领导是在员工共同感知的基础上评价得出的，其概念本身就强调诚信、公平、开放、尊重以及不傲慢等（Rowatt et al.，2006），因此，谦卑行为是针对每一位员工的公开行为，不存在厚此薄彼的情况，有利于团队人际公平氛围的建立。

其次，人际公平氛围有助于减少组织越轨行为和人际越轨行为。人际公平氛围对员工行为和态度的积极影响已被很多研究验证，Colquitt 等（2013）通过文献分析发现，人际公平氛围正向影响工作绩效、工作满意度、组织承诺和组织公民行为等，同时对压力、组织越轨行为和反生产行为等有负向影响。组织越轨和人际越轨是两种不同的越轨行为，当员工感知到管理者所制造的组织不公时，他们为了获得认知上的平衡以及消除内心的不良情绪，可能会产生直接针对上司或团队同事的人际越轨行为，也可能会转向更具隐蔽性的组织越轨行为。在具有较高人际公平氛围的团队中，管理者与员工形成良好的互动关系，管理者尊重和关怀下属，下属出于社会交换，会产生较高的回报义务感，可能对团队和管理者表现出更多有利的行为，如以积极的心态对待工作、提高工作效率以及表现出利他行为，并尽可能避免对团队和领导者的不利行为，如组织越轨行为和人际越轨行为。基于此，本研究提出以下理论假设：

假设 2：谦卑型领导对人际公平氛围有显著的正向影响。

假设 3a：人际公平氛围在谦卑型领导与员工的人际越轨行为之间起中介作用。

假设 3b：人际公平氛围在谦卑型领导与员工的组织越轨行为之间起中介作用。

6.2.3 真诚型领导的调节作用

真诚型领导是管理者通过不断增强自我意识以及内化道德观，不断提升与员工关系的透明度，从而促进员工、团队、组织以及管理者自身不断发展的一种领导行为（Luthans & Avolio，2003），包括自我意识（Self-awareness）、无偏处理（Unbiased Processing）、真实行为（Authentic Behavior）和真诚的关系导向（Authentic Relational Orientation）四个维度（Ilies，Morgeson & Nahrgang，2005）。真诚型领导强调管理者与员工互动中的真诚性、透明度、开放性以及灵活性等特征，有助于团队成员感知到领导行为的真实性和公平性。先前的研究发现，真诚型领导可能会通过营造组织氛围来促进员工的自我调节，并影响员工行为（Hassan et al.，2013）。

Rego 等（2017）比较了谦卑型领导和真诚型领导的异同，发现真诚型领导植根于自我表达和自我认知，而谦卑型领导重在自我超越，谦卑型领导缺乏一定的关系透明度和内化的道德观。因此，他们强调要关注谦卑型领导和真诚型领导的差异性和互补性。毛江华等（2017）在结合前人研究的基础上提出，谦卑型领导表现出谦卑行为并非都是因为管理者本身具有谦卑的特质，也可能是管理者出于利己或利团队等目的而“伪装”出谦卑行为。如果下属没有感知到谦卑型领导行为是伪装的，则谦卑型领导依然能很好地发挥效用，一旦下属感知到谦卑型领导的虚假性，则谦卑型领导的影响效果可能会大打折扣。因此，下属所感知到的谦卑型领导的真假会决定其对领导行为的接受程度以及领导行为的有效性。当管理者表现出较多的真诚型领导行为时，员工会认为管理者是以一种真诚的方式与员工进行交互，可减少团队成员对谦卑型领导行为判断的不确定性和风险，增加下属对谦卑型领导行为真实性的感知，使下属认为团队环境是安全、真诚和公正的（Xiong et al.，2016），从而有助于团队形成更强的人际公平氛围。相反，当管理者表现出较少的真诚型领导行为时，其员工可能因为管理者是团队的核心和主心骨而惧怕和尊重管理者的权威，从而合理化管理者的领导行为，如认为管理者是为了更好地管理团队和提高团队效能。因此，即使当员工感知到领导表现出的谦卑是不真诚的或“伪装”的，员工也会找出合理的理由来接受这种现实，从而导致谦卑型领导真诚性的下降并不会显著影响人际公平氛围的改变。基于以上分析，本研究提出以下理论假设：

假设4：真诚型领导调节了谦卑型领导对人际公平氛围的影响，即真诚型领导行为越多，谦卑型领导对人际公平氛围的正向影响更强，相反，谦卑型领导对人际公平氛围正向影响的变化不明显。

假设5a：真诚型领导在谦卑型领导经由人际公平氛围对人际越轨行为的影响中起调节作用，并且人际公平氛围的中介效应在高水平的真诚型领导的情况下更强，在低水平的真诚型领导的情况下更弱。

假设5b：真诚型领导在谦卑型领导经由人际公平氛围对组织越轨行为的影响中起调节作用，并且人际公平氛围的中介效应在高水平的真诚型领导的情况下更强，在低水平的真诚型领导的情况下更弱。

6.3 研究方法

6.3.1 研究样本和研究程序

本研究以来自企业的72个团队为样本收集数据，每个团队的建立时间均在六个月以上。其中，每个团队包括一名管理者和三名下属，管理者填写“管理者问卷”，主要对三名下属的组织越轨行为和人际越轨行为进行评价；员工填写“员工问卷”，要求员工评价管理者的谦卑型领导、真诚型领导和团队的人际公平氛围。施测前，对每份配对问卷进行编号。所有问卷都由“联络员”进行发放，并基于自愿原则和保密原则完成问卷的填写与回收。

最终，本研究回收了55个团队的有效问卷，包括55名管理者问卷和165份员工问卷。就员工的信息来看，男性占47.3%，平均年龄25.88岁，平均工龄3.46年，平均司龄2.28年，与上司平均共事时间1.72年，本科以上学历占70.3%。就管理者的信息而言，男性占65.5%，平均年龄31.87岁，平均工龄8.38年，平均司龄5.66年，本科以上学历占78.2%；国企管理者占14.5%，民企管理者占63.6%，其余管理者属于外企、港澳台资企业、政府机关或事业单位等；高层管理者占5.5%，部门经理占34.5%，其余为基层管理者。就团队性质来看，市场销售类占20.0%，行政人事类占21.8%，生产制造类占3.6%，技术研发类占7.3%，服务类占14.5%，其他占32.7%。

6.3.2 测量工具

本研究的所有测量项目均采用Likert 5点量表进行评价，其中1代表“完全不同意”，5代表“完全同意”。

谦卑型领导：选取Owens & Hekman（2012）的质化研究所得到的三个维度及对应的维度特征作为测量条目，经过汇总及“翻译—回译”程序得到10个条目的中文量表，之后又咨询了其他专家同人的意见，小范围地调整了语句的表达，最终得到了本研究使用的量表。该量表包括“承认错误和局限”（三个条目）、“强调下属的优势和贡献”（三个条目）以及“塑造可教性”这三个因子，代表性条目有“我的上司主动承认错误”“我的上司经常表达对员工贡献的欣赏和赞扬”“我的上司更善于倾听而不是高谈阔论”。该量表在本研究中的 Cronbach's α 系数为 0.96。

真诚型领导：采用 Walumbwa 等（2008）开发的量表。原量表包括四个维度，即“自我意识”（四个条目）、“关系透明度”（五个条目）、“内化道德观”（四个条目）和“平衡处理”（三个条目），共16个条目。本研究选取每个维度中因素负荷最高的两个条目，共八个条目作为测量量表，代表性条目有“我的上司能准确地描述他人对他/她能力的看法”“我的上司在犯错误时愿意承认错误”。该量表在本研究中的 Cronbach's α 系数为 0.96。

人际公平氛围：采用 Niehoff 和 Moorman（1993）编制的六个条目的量表，代表性条目有“在进行工作决策时，团队的管理者对员工很友好很关心”“团队的管理者清楚地向员工解释任何有关工作的决策”。该量表在本研究中的 Cronbach's α 系数为 0.94.

人际越轨行为：采用 Bennett 和 Robinson（2000）编制的量表，共七个条目，代表性条目有“该员工在工作中捉弄他人”“该员工在工作中咒骂他人”。该量表在本研究中的 Cronbach's α 系数为 0.91。

组织越轨行为：采用 Bennett 和 Robinson（2000）编制的量表，共12个条目，代表性条目有“该员工在工作中不经允许即带走公共财物”“该员工故意放慢工作速度”。该量表在本研究中的 Cronbach's α 系数为 0.94。

控制变量：依据先前对员工越轨行为的研究结果（章发旺和廖建桥，2016），本研究控制了员工的性别以及与上司共事时间等变量。本研究对性别变量进行了虚拟编码处理，其中“0”表示女性，“1”表示男性。

6.3.3 数据聚合与分析

由于谦卑型领导、真诚型领导和人际公平氛围均为团队层次的概念，所以本研究拟对个体层面所获得的团队成员评价结果进行数据聚合。在数据聚合之前，采用组内一致性系数 R_{wg}、群体间变异信度 ICC（1）和 ICC（2）三个聚合指标对数据聚合的可靠性进行验证，结果如表 6-1 所示。

表 6-1 数据聚合指标的分析结果

变量	R_{wg}	ICC（1）	ICC（2）
谦卑型领导	0.98	0.41	0.67
真诚型领导	0.97	0.37	0.64
人际公平氛围	0.97	0.25	0.50

注：R_{wg}采用的是中位数的值。

由表 6-1 可知，三个量表的 R_{wg} 的中位数均在 0.97 以上，ICC（1）和 ICC（2）均达到了应大于 0.12 和应大于 0.50 的可接受标准。因此，本研究所测量的团队层变量数据可以从个体层面聚合到团队层面。

本研究使用 SPSS20.0 进行描述性统计和相关分析。由于数据涉及个体和团队两个层次，我们采用 Mplus7.0 进行假设检验，使用 Bootstrapping 法计算同层模型的中介效应置信区间，并在 R 软件 3.11 中使用参数 Bootstrapping 法计算跨层模型的中介效应置信区间。

6.4 研究结果

6.4.1 描述性统计与相关分析结果

在检验研究假设之前，我们对各个变量进行描述性统计和相关分析，分析结果如表 6-2 所示。由表 6-2 可知，谦卑型领导与人际公平氛围相关显著（$r=0.71$，$p<0.01$），真诚型领导与人际公平氛围相关显著（$r=0.71$，$p<0.01$），谦卑型领导与真诚型领导相关显著（$r=0.93$，$p<0.01$）。以上结果说明，真诚型领导与谦卑型领导是非常相似的领导行为，由于先前的研究表明它们分别是不同的领导行为，因此在研究谦卑型领导的影响效应时，很有必要控制真诚型领导的影响作用。

表 6-2 研究变量的描述性统计分析结果

变量	M	SD	1	2	3
个体层变量（n=165）					
1. 性别	0.53	0.50			
2. 与上司共事时间	1.72	1.48	0.12		
3. 人际越轨行为	1.31	0.52	-0.03	-0.03	
4. 组织越轨行为	1.25	0.43	-0.04	0.10	0.79**
团队层变量（N=55）					
1. 谦卑型领导	3.83	0.53			
2. 真诚型领导	3.78	0.57	0.93**		
3. 人际公平氛围	3.72	0.52	0.71**	0.71**	

注：** 代表 $p<0.01$。

6.4.2 直接效应检验

在检验假设前，先检验因变量在团队层面是否存在变异。结果表明，人际越轨行为的组内相关 ICC（1）为 0.51，组织越轨行为的组内相关 ICC（2）为 0.50，这表明人际越轨行为和组织越轨行为的评价有显著的组间差异，因此，进行多层分析是十分有必要的。本研究采用 Mplus7.0，在团队层检验谦卑型领导对人际公平氛围的直接效应。由于人际越轨行为和组织越轨行为属于个体层，因此，研究构建跨层模型检验谦卑型领导对人际越轨行为和组织越轨行为的直接效应，分析结果如表 6-3 所示。

表 6-3 直接效应的分析结果

变量	人际公平氛围	人际越轨行为	组织越轨行为
性别	-0.02（0.06）	-0.46（0.35）	-0.38（0.26）
与上司的共事时间	-0.02（0.02）	-0.01（0.05）	0.07（0.05）
谦卑型领导	0.69***（0.06）	-0.24**（0.08）	-0.18*（0.07）
谦卑型领导×真诚型领导	0.43***（0.08）	-0.07（0.19）	-0.02（0.17）

注：*** 代表 $p<0.001$，** 代表 $p<0.01$，* 代表 $p<0.05$，括号外的数值为回归系数，括号内的值为标准误。

由表 6-3 可知，在控制员工性别及员工与上司的共事时间后，谦卑型领导显著负向地影响人际越轨行为（$\hat{y}=-0.24$，$p<0.01$）和组织越轨行为（$\hat{y}=-0.18$，$p<0.05$），显著正向地影响人际公平氛围（$\beta=0.69$，$p<0.001$），谦卑型领导与真诚型领导的交互项对人际公平氛围有显著正向的影响（$\beta=0.43$，$p<0.001$）。因此研究假设 1a、假设 1b、假设 2 以及假设 4 均得到初步验证。

6.4.3 中介效应的检验

采用相关软件对人际氛围的中介效应进行检验，分析结果如表 6-4 所示。

表 6-4 中介效应的分析结果

中介变量路径	中介效应值	置信区间（95%）
谦卑型领导—人际公平氛围—人际越轨行为	-0.24* (0.10)	[-0.45, -0.06]
谦卑型领导—人际公平氛围—组织越轨行为	-0.16* (0.07)	[-0.31, -0.02]

注：* 代表 p<0.05，括号外的数值为回归系数，括号内的值为标准误。

由表 6-4 可知，人际公平氛围在谦卑型领导与员工人际越轨行为之间的中介效应值为-0.24（SE =0.10，$p<0.05$），95%置信区间是［-0.45，-0.06］，不包含 0，这表明人际公平氛围在谦卑型领导和人际越轨行为之间的中介效应显著，假设 3a 得到验证。人际公平氛围在谦卑型领导与组织越轨行为之间的中介效应值为-0.16（SE =0.07，$p<0.05$），95%置信区间是［-0.31，-0.02］，不包含 0，这表明人际公平氛围在谦卑型领导和组织越轨行为间的中介效应显著，假设 3b 得到验证。

6.4.4 被调节的中介效应检验

在验证被调节的中介作用前，需要先检验调节变量是否对直接效应起调节作用，并且，无论直接效应是否受到调节，研究都可以建立有调节的中介模型（温忠麟，叶宝娟，2014）。表 6-3 的结果表明，谦卑型领导和真诚型领导的交互项对人际公平氛围的直接影响作用显著（β =0. 43, p < 0. 001），对人际越轨行为（$\hat{y}$= −0. 07, p >0. 05）和组织越轨行为（$\hat{y}$= −0. 02, p >0. 05）的影响作用不显著，这表明真诚型领导对谦卑型领导影响员工越轨行为的直接路径不起调节作用。接下来，我们进行被调节的中介效应分析，结果如表 6-5 所示。

表 6-5 被调节的中介效应的分析结果

效应	真诚型领导	被调节的中介效应值	置信区间（95%）
跨层中介模型：谦卑型领导—人际公平氛围—人际越轨行为			
间接效应	高	−0. 25（0. 15）	[−0. 60, −0. 02]
	低	−0. 04（0. 10）	[−0. 27, 0. 15]
	差异	−0. 21*（0. 10）	[−0. 46, −0. 03]
跨层中介模型：谦卑型领导—人际公平氛围—组织越轨行为			
间接效应	高	−0. 17（0. 10）	[−0. 41, −0. 003]
	低	−0. 03（0. 07）	[−0. 18, 0. 11]
	差异	−0. 14*（0. 06）	[−0. 31, −0. 01]

注：*** 代表 p<0. 001，** 代表 p<0. 01，* 代表 p<0. 05，括号外的数值为回归系数，括号内的值为标准误。

由表 6-5 可知：①在高水平真诚型领导的情况下，人际公平氛围在谦卑型领导与人际越轨行为之间的中介效应的 95% 置信区间是 [−0. 60, −0. 02]，不包含 0；而在低水平真诚型领导的情况下，该置信区间是 [−0. 27, 0. 15]，包含 0；两种情境下的中介效应有显著差异，中介效应的 95%置信区间是 [−0. 46, −0. 03]，不包含 0。因此，在高水平或低水平真诚型领导的情况下，谦卑型领导通过人际公平氛围对人际越轨行为的影响是不同的，假设 5a 得到验证。②在高水平真诚型领导的情况下，人际公平氛围在谦卑型领导与组织越轨行为之间的中介效应的 95% 置信区间是 [−0. 41, −0. 003]，不包含 0；而在低水平真诚型领导的情况下，该置信区间是 [−0. 18, 0. 11]，包含 0；两种情境下的中介效应有显著差异，中介效应的 95% 置信区间是[−0. 31, −0. 01]，不包含 0。因此，在高水平或低水平真诚型领导的情况下，谦卑型领导通过人际公平氛围对组织越轨行为的影响是不同的，假设 5b 得到验证。

6.5 讨论

本研究基于社会交换理论考察了谦卑型领导对负向的员工越轨行为的影响效应、作用机理及边界条件。研究结果得出：①谦卑型领导对人际越轨行为和组织越轨行为有显著负向的影响；②人际公平氛围在谦卑型领导与员工越轨行为之间起中介作用；③真诚型领导可以正向调节谦卑型领导对人际公平氛围的影响，即在高水平真诚型领导的情况下，谦卑型领导对人际公平氛围的正向影响得到增强，在低水平真诚型领导的情况下，谦卑型领导对人际公平氛围的正向影响变化不明显；④真诚型领导在谦卑型领导通过人际公平氛围对越轨行为的影响中起正向调节作用，即在高水平真诚型领导的情况下，谦卑型领导通过人际公平氛围对越轨行为的阻碍作用更强，在低水平真诚型领导的情况下，谦卑型领导通过人际公平氛围对越轨行为的阻碍作用变化不显著。

6.5.1 理论意义及研究缺陷

首先，谦卑型领导能防止员工负向行为的出现，这为谦卑型领导的有效性提供了进一步的证据。尽管谦卑型领导对正向行为或绩效的积极影响已经被多次验证（Rego et al.，2017；Owens & Hekman，2016），但几乎没有研究关注谦卑型领导对越轨行为的影响机制及边界条件，本研究从谦卑型领导影响负面行为的角度提供了领导有效性的更多证据，在一定程度上弥补了先前研究的不足。其次，本研究探讨了谦卑型领导的跨层影响机制，响应了先前研究的号召，弥补了先前研究的缺憾。尽管谦卑型领导的研究已经相对丰富，但大多数研究仅在个体层面或团队层面探讨谦卑型领导的影响效应，不足以全面探讨谦卑型领导的有效性。本研究响应 Liden 等（2008）关于在领导力研究中进行多层或跨层分析的倡议，探讨了谦卑型领导对负面行为的跨层影响机制及边界条件，无疑是一种有益的尝试。最后，本研究关注了领导行为的交互作用对员工越轨行为的影响，进一步澄清了谦卑型领导效用发挥的边界条件。先前很少有研究关注谦卑型领导行为与其他领导特征或行为的交互作用对员工行为的影响，本研究的结果表明，管理者仅表现出谦卑行为还是不够，如果能更多地展现真诚型领导行为，则会进一步提升谦卑型领导行为的作用效果。Day，Gronn 和 Salas（2004）提出，团队管理中需要融合多种领导力来开展工作，组织领域的学者也认可团队中存在多重领导焦点（Multiple Leadership Foci）的观念（DeRue & Ashford，2010），但目前与领导力相关的文献对多重领导的研究较少。本研究不仅响应了 Rego 等（2017）关注谦卑型领导“真诚性”的呼吁，而且为领导行为交互作用的研究提供了进一步的证据。

尽管本研究得出了一些有价值的结论，但仍然存在一些问题需要改进。本研究采用的是横断面数据，实证研究结果无法揭示各变量之间作用的动态过程，建议未来可以尝试使用实验法进行纵向研究。此外，本研究将谦卑型领导和真诚型领导相联系，探讨了真诚型领导对谦卑型领导效能表达的调节作用，未来可以尝试引入其他领导风格，探讨其他领导风格与谦卑型领导的互补作用，以进一步挖掘领导行为对组织及其成员的积极作用。

6.5.2 实践意义

随着谦卑型领导在理论研究上的不断深入以及在实践中的良好反馈，谦卑型领导对员工的积极影响逐渐显现出来，这为管理实践提供了新的思路。首先，在人力资源管理的各个环节可以贯穿谦卑型领导的理念。例如，在招聘管理者时，可以对应聘者是否具有谦卑型领导的特征进行考察；在提拔管理者时，可以将管理者是否具有谦卑的特质纳入考察范围内；在培训管理者时，训练管理者客观看待自己、勇于承认不足、学会欣赏员工的优点以及贡献、注意倾听员工的想法等。其次，管理者表现出谦卑型领导行为，积极营造心理安全氛围，对预防员工的越轨行为大有裨益。在管理实践中，如何有效减少员工越轨行为一直是备受关注的问题，因为这关系到企业的存活和发展。本研究发现谦卑型领导对人际越轨行为和组织越轨行为有负向影响，可以通过心理安全氛围来传导这一效应。因此，管理者要以包容的态度对待员工，让员工感受到来自管理者的尊重，同时要多鼓励和赞美员工，认可每位组织成员的优势和贡献，以在团队中营造良好的人际公平氛围，进而更好地影响员工行为。最后，谦卑型领导如能同时展现出真诚型领导行为，则能更好地预防员工的越轨行为。在高水平真诚型领导的情况下，谦卑型领导通过人际公平氛围对员工越轨行为的影响进一步增强，因此，管理者在表达谦卑的同时，还要展现其“真诚”的一面，让团队成员真切地感受到谦卑型领导的真实性，以最大限度地发挥谦卑型领导的积极作用。

参考文献

Bennett, R. J. & Robinson, S. L. (2000). Development of a measure of workplace deviance. *Journal of Applied Psychology*, 85 (3), 349-360.

Chowdhury, S. D. (2014). Strategic roads that diverge or converge: GM and Toyota in the battle for the top. *Business Horizons*, 57 (1), 127-136.

Cialdini, R. B. & Trost, M. R. (1998). Social influence: Social norms, conformity, and compliance. In D. T. Gilbert, S. T. Fiske & G. Lindzey (Eds.), *The Handbook of Social Psychology* (4th ed., Vol. 2, pp. 151-192). Boston: McGraw-Hill.

Collins, J. (2001). Level 5 leadership. The triumph of humility and fierce resolve. *Harvard Business Review*, 79 (1), 66-76.

Colquitt, J. A., Scott, B. A., Rodell, J. B., Long, D. M., Zapata, C. P. & Conlon, D. E., et al. (2013). Justice at the millennium, a decade later: a meta-analytic test of social exchange and affect-based perspectives. *Journal of Applied Psychology*, 98 (2), 199-236.

Cropanzano, R., Rupp, D. E., Mohler, C. J. & Schminke, M. (2001). Three roads to organizational justice. *Research in Personnel & Human Resources Management*, 20 (1), 1-113.

Day, D. V., Gronn, P. & Salas, E. (2004). Leadership capacity in teams. *The Leadership Quarterly*, 15 (6), 857-880.

DeRue, D. S. & Ashford, S. J. (2010). Who will lead and who will follow? A social process of leadership identity construction in organizations. *Academy of*

Management Review, 35 (4), 627-647.

Ehrenhard, M. L. & Rank, J. (2015). *Effectiveness of humble leadership for creativity and innovation in context of online-based startups: a qualitative examination*. Enschede: University of Twente.

Gatehouse, J. (2011). *Tim Cook: Apple's Most Humble Servant*. Maclean's, October 17, 2011.

Hassan, S. A., Saher, N., Zahid, A., Gull, H., Aslam, I. & Aslam, S. (2013). Authentic leadership and ethical practices: Finding traces from Pakistani system. *Interdisciplinary Journal of Contemporary Research in Business*, 5 (1), 406-423.

Hu, J., Erdogan, B., Jiang, K., Bauer, T. N. & Liu, S. (2018). Leader humility and team creativity: The role of team information sharing, psychological safety, and power distance. *Journal of Applied Psychology*, 103 (3), 313-323.

Ilies, R., Morgeson, F. P. & Nahrgang, J. D. (2005). Authentic leadership and eudaemonic well-being: Understanding leader-follower outcomes. *The Leadership Quarterly*, 16 (3), 373-394.

Liao, H. & Rupp, D. E. (2005). The impact of justice climate and justice orientation on work outcomes: a cross-level multifoci framework. *Journal of Applied Psychology*, 90 (2), 242-256.

Liden, R. C., Wayne, S. J., Zhao, H. & Henderson, D. (2008). Servant leadership: Development of a multidimensional measure and multi-level assessment. *The Leadership Quarterly*, 19 (2), 161-177.

Luthans, F. & Avolio, B. J. (2003). Authentic leadership development. In K. S. Cameron, J. E. Dutton & R. E. Quinn (Eds.), *Positive Organizational Scholarship* (pp. 241-261). San Francisco, CA: Berrett-Koehler.

Niehoff, B. P. & Moorman, R. H. (1993). Justice as a mediator of the relationship between methods of monitoring and organizational citizenship behavior. *Academy of Management Journal*, 36 (3), 527-556.

Nielsen, R., Marrone, J. A. & Slay, H. S. (2010). A new look at humility: exploring the humility concept and its role in socialized charismatic leadership. *Journal of Leadership & Organizational Studies*, 17 (1), 33-43.

Ou, A. Y., Tsui, A. S., Kinicki, A. J., Waldman, D. A., Xiao, Z. &

Song, L. J. (2014). Humble chief executive officers' connections to top management team integration and middle managers' responses. *Administrative Science Quarterly*, 59 (1), 34-72.

Owens, B. P. & Hekman, D. R. (2016). How does leader humility influence team performance? Exploring the mechanisms of contagion and collective promotion focus. *Academy of Management Journal*, 59 (3), 1088-1111.

Owens, B. P. & Hekman, D. R. (2012). Modeling how to grow: an inductive examination of humble leader behaviors, contingencies, and outcomes. *Academy of Management Journal*, 55 (4), 787-818.

Owens, B. P., Johnson, M. D. & Mitchell, T. R. (2013). Expressed humility in organizations: implications for performance, teams, and leadership. *Organization Science*, 24 (5), 1517-1538.

Rego, A., Owens, B., Leal, S., Melo, A. I., Cunha, M. P., Gonçalves, L. & Ribeiro, P. (2017). How leader humility helps teams to be humbler, psychologically stronger, and more effective: A moderated mediation model. *The Leadership Quarterly*, 28 (5), 639-658.

Robinson, S. L. & Bennett, R. J. (1995). A typology of deviant workplace behaviors: A multidimensional scaling study. *Academy of Management Journal*, 38 (2), 555-572.

Rowatt, W. C., Powers, C., Targhetta, V., Comer, J., Kennedy, S. & Labouff, J. (2006). Development and initial validation of an implicit measure of humility relative to arrogance. *The Journal of Positive Psychology*, 1 (4), 198-211.

Sousa, M. & van Dierendonck, D. (2017). Servant leadership and the effect of the interaction between humility, action, and hierarchical power on follower engagement. *Journal of Business Ethics*, 141 (1), 13-25.

Vera, D. & Rodriguez-Lopez, A. (2004). Strategic virtues:: humility as a source of competitive advantage. *Organizational Dynamics*, 33 (4), 393-408.

Walters, K. N. & Diab, D. L. (2016). Humble leadership: Implications for psychological safety and follower engagement. *Journal of Leadership Studies*, 10 (2), 7-18.

Walumbwa, F. O., Avolio, B. J., Gardner, W. L., Wernsing, T. S. &

Peterson, S. J. (2008). Authentic leadership: Development and validation of a theory-based measure. *Journal of Management*, 34 (1), 89-126.

Wang, L., Owens, B. P., Li, J. & Shi, L. (2018). Exploring the affective impact, boundary conditions, and antecedents of leader humility. *Journal of Applied Psychology*, 103 (9), 1019-1038.

Xiong, K., Lin, W., Li, J. C. & Wang, L. (2016). Employee trust in supervisors and affective commitment: The moderating role of authentic leadership. *Psychological Reports*, 118 (3), 829-848.

Yaffe, T. & Kark, R. (2011). Leading by example: the case of leader OCB. *Journal of Applied Psychology*, 96 (4), 806-826.

Zhang, H., Ou, A. Y., Tsui, A. S. & Wang, H. (2017). CEO humility, narcissism and firm innovation: A paradox perspective on CEO traits. *The Leadership Quarterly*, 28 (5), 585-604.

董甜甜，余璇.（2019）. 谦卑型领导对员工管家行为的影响. 山东社会科学，（4），134-138.

高日光，李胜兰.（2018）. 真君子还是伪君子：谦卑型领导与行为一致性对员工情感承诺的影响. 当代财经，409（12），83-91.

李洁，梁巧转，张真真.（2018）. 谦卑型领导行为与下属离职倾向——第一阶段被调节的中介效应. 软科学，（1），83-86.

李太，涂乙冬，李燕萍.（2013）. 团队中的关系、迎合与职业成功——基于戏剧理论的解释框架. 南开管理评论，16（2），36-46.

刘新梅，姚进，陈超.（2019）. 谦卑型领导对员工创造力的跨层次影响研究. 软科学，33（5），81-86.

刘蕴，李燕萍，涂乙冬.（2016）. 员工为什么乐于助人？多层次的领导—部属交换对帮助行为的影响. 心理学报，48（4），385-397.

毛江华，廖建桥，韩翼，刘文兴.（2017）. 谦逊领导的影响机制和效应：一个人际关系视角. 心理学报，49（9），1219-1233.

孙健敏，王震.（2011）. 工作越轨行为的结构与组织公民行为的关系：一项实证检验. 心理学探新，31（4），343-347.

汪新艳，廖建桥.（2009）. 组织公平感对员工绩效的影响. 工业工程与管理，（2），97-102.

温忠麟，叶宝娟.（2014）. 有调节的中介模型检验方法：竞争还是替补. 心理学报, 46（5）, 714-726.

张亚军，张金隆，张军伟，崔利刚.（2017）. 谦卑型领导与员工抑制性建言的关系研究. 管理评论, 29（5）, 110-119.

章发旺，廖建桥.（2016）. 伦理型领导与员工越轨行为——一个多层次的调节模型. 工业工程与管理, 21（3）, 132-138.

7 谦卑型领导的垂滴效应：对团队谦卑和团队绩效的影响

7.1 问题提出

近年来，各种商业丑闻的不断曝光使人们越来越关注管理者的伦理行为，管理者表现出符合商业道德而又能促进组织基业长青的领导行为对于组织发展显得尤为关键。综观近十多年流行的公仆型领导（Liden et al., 2008）、伦理型领导（Brown, Treviño & Harrison, 2005）、真诚型领导（Avolio & Gardner, 2005）、第五级领导（Collins, 2001）等理论，其关注点无不聚焦在管理者的谦卑行为上。为了成功应对21世纪独特而又迅速变化的社会需求，管理者需要表现出更多的谦卑和更少的骄傲自大（Weick, 2000），因此，Owens & Hekman（2012）正式将谦卑纳入领导行为研究中并提出，谦卑型领导是一种“自下而上”的领导过程，这种管理者能更客观地认识自我，更欣赏员工的长处，更开放地接纳新事物和新想法。实践界对谦卑型领导的关注和应用尤为明显，国外的Google公司、SAS软件公司，国内的联想集团和万科集团等无不倡导和受益于谦卑型领导行为。例如，全球知名的罗克韦尔自动化公司采用了一种别出心裁的领导模式——鱼缸式会议（Prime & Salib, 2014）。举行会议时，管理者和员工围坐在一起随意交谈，管理者以谦卑的姿态承认自己工作中力所不及之处，并与员工分享自己在组织中的工作经验，员工可以随时提出问题或表达不满，所有参会者进行充分的双向沟通并力争解决问题。该模式的实行使员工更加信赖管理者和组织，拉近了员工与管理者之间的心理距离，使员工产生了更强烈的归属感。由此可见，管理者是否具备谦卑的特征对组织管理效果具有重要影响（Finkelstein，Hambrick & Cannella，2009）。但谦卑型领导在一些组织中的成功实施也引发了人们更多的质疑，即谦卑型领导真的能让组织受益吗？又是如何受益的？

分析文献发现，先前的研究主要关注以下几个方面：第一，谦卑型领导在个体层面的影响效应。这类研究主要是在中国组织情境下展开的，探讨谦卑型领导影响员工行为的中介机制和调节机制。就结果变量来看，这类研究主要关注谦卑型领导对员工建言行为（陆志娟，2015；彭娇子等，2016；张军成，2016；朱健和李颖凤，2017）、员工创造力（雷星晖等，2015；罗瑾琏等，2016；王艳子等，2016）、员工工作投入（唐汉瑛等，2015）、员工沉默（徐小凤和高日光，2016；袁凌等，2016）以及领导有效性（曲庆等，2013；叶龙和王蕊，2016）的影响。就中介变量来看，一类是员工态度变量，如心理授权（陆志娟，2015）、心理安全（雷星晖等，2015；罗瑾琏等，2016；张军成，2016）、基于组织的自尊（唐汉瑛等，2015）、组织认同（曲庆等，2013；袁凌等，2016）、组织政治知觉（徐小凤和高日光，2016）以及自我效能感（雷星晖等，2015），一类是管理者—员工关系方面的变量，如 LMX（彭娇子等，2016）和员工对上级的信任（朱健和李颖凤，2017）。就调节变量来看，以往研究主要关注权力距离的负向调节作用（彭娇子等，2016；唐汉瑛等，2015；袁凌等，2016；王艳子等，2016）。第二，谦卑型领导的垂滴效应。这类研究主要在团队以上层面开展，有两类不同的研究。一类是严格意义上的传递效应研究，主要探讨领导者谦卑对团队谦卑的影响，进而使团队绩效或有效性得以提升。例如，Owens 和 Hekman（2016）在西方组织情境下研究发现，谦卑型领导会通过社会感染（Social Contagion）的作用使团队形成一种集体谦卑（Collective Humility），进而使团队成员产生集体性提升聚焦（Collective Promotion Focus），并最终提升团队绩效。Rego 等（2017）在葡萄牙文化下探讨了领导者谦卑通过影响团队谦卑和团队心理资本进而影响团队有效性，进一步验证了 Owens 和 Hekman（2016）的观点，即谦卑是可以传染的。另一类是非严格意义上的传递效应研究，主要关注谦卑型领导对团队授权行为和信息分享行为等的影响，而授权行为和信息分享行为等是谦卑型领导内涵的核心部分。例如，Ou 等（2014）基于中国组织样本，探讨 CEO 谦卑行为的传递效应，发现谦卑的 CEO 会表现出更多的授权型领导行为，诱发更多的高层管理团队整合（如联合决策、信息分享、共享愿景等），并通过中层管理者感知到的授权型组织氛围影响中层经理的工作投入、情感承诺和工作绩效。Chiu，Owens 和 Tesluk（2016）同样基于中国组织样本，检验了领导者谦卑对团队成员共享型领导行为以及团队绩效的影响。以上两类研究无不表明，谦卑型领导是一种有效的领导行为，尤其是谦卑型领导能把谦卑传递给被领导者或团队，进而产生巨大的辐射作用。

然而，先前的研究对谦卑型领导的传递效应的探讨还很不全面，存在研究相对零散以及缺乏对谦卑型领导传递效应边界条件的探讨等问题，尤其是没有探讨组织中不同层次的谦卑型领导者对员工自上而下的滴漏式影响，即真正意义上的传递效应。组织中不同层级管理者的领导行为是密切关联的，高层管理者如何对待中层管理者会影响中层管理者如何对待其下属员工（Ambrose，Schminke & Mayer，2013；Shanock & Eisenberger，2006；Simons et al.，2007；Tepper & Taylor，2003），因此，领导者的影响力是从高层管理者逐层向中层管理者和下属渗透的。根据班杜拉的社会学习理论（Bandura，1977），观察学习是不需要借助任何外力即可实现的，谦卑型领导者敢于承认自身不足与错误以及主动放低姿态向被领导者学习的行为，会促使其所带领的团队成员自觉关注自身不足和勇于认错，并以谦卑的姿态向他人请教学习，与他人进行更多的知识分享，进而不断提升自身和团队的知识和经验（Weick，2001），并最终促进团队绩效的提升。尽管基于观察学习产生的传递效应是不需要借助外力影响的，但传递过程中个体特征也有很大的促进或干扰作用，如自恋的中层管理者往往高度自信甚至自负，他们以自我为中心，更喜欢影响他人而不是被他人影响，由此高层管理者的谦卑型领导行为在传递给中层管理者的过程中可能会受中层管理者的自恋人格特征的影响。基于以上分析，本研究重点关注两个内容。①谦卑型领导与团队行为和团队绩效的关系。本研究将引入垂滴模型研究谦卑型领导自上而下的传递效应及其对团队谦卑行为、团队绩效的影响。②谦卑型领导垂滴效应的边界条件。本研究重点关注中层管理者的自恋人格特征在谦卑型领导传递效应中的阻碍作用。

7.2 理论基础与研究假设

7.2.1 谦卑型领导

在汉语中，谦卑的释义为谦虚，不自高自大，甘愿让他人处于重要位置，自己处于次要位置。Emmons（1999）认为，谦卑包含准确地认识自我，承认自身缺陷，提升自身的才华和成就，远离自卑自大。随着对谦卑的深入研究，Lee，Ashton 和 De Vries（2005）还将谦卑作为一个新的维度加入大五人格量表中，可见谦卑的重要性。随后，学者们将谦卑融入领导行为中，开始研究其有效性。在西方文化情境中，Morris，Brotheridge 和 Urbanski（2005）将管理者的谦卑定义为三个维度：自我意识、开放和超越。也就是，具备谦卑品质的管理者对自我有着充分的认知，了解自身的优势和弱势；对新事物和新思想持有开放和接纳的态度；欣赏和积极肯定他人的价值。Owens 和 Hekman（2012）首次提出了谦卑型领导（Humble Leadership）的概念，将其视为一种"自下而上的领导过程"（Bottom-up Leadership），通常包括管理者对自身的客观认识，对新事物、新信息持开放接纳的态度，对他人才华的欣赏态度。在中国组织情境下，学者们发现受中国传统文化的影响，谦卑型领导会更加注重自身的示范作用和下属的发展。Ou（2011）以中国组织为研究对象，探究 CEO 的谦卑与中层管理者行为以及绩效的关系。其中，管理者的谦卑主要表现为：就管理者自身而言，管理者具有较强的自我意识，注重提升自身能力；就对待下属而言，管理者更欣赏下属能力，乐于提升下属；就工作方面而言，管理者不以自我为中心，乐于不断超越自我（王碧英和杜欠欠，2016）。

早期，学者们主要采用比较自我评价的工作绩效和他人评价的工作绩效来测量管理者的谦卑行为（Knight & Nadel，1986；Tangney，2000），但这只是替代性的测量方式。之后，学者们开发了谦卑行为的测量量表（Ou，2011；Owens，Johnson & Mitchell，2013），采用自我或他人评价的方式进行测量。但在实际测量中仍存在一定的问题，即真正谦卑的人不太可能在自我报告时报告自己谦卑，只有身边与之亲近的人才有可能真正观察到个体的谦卑并进行客观的报告（Richards, 1992）。因此，学者们认为，最理想的测量谦卑型领导行为的方式是让与被评价者来往密切的人进行谦卑型领导行为的评价（Exline et al., 2004；Davis, Worthington & Hook, 2010）。

关于谦卑型领导的影响效应，先前的研究得出了相对丰富的研究结论，以中国组织情境下的研究居多。在西方组织情景下，主要是 Owens 等所开展的系列研究，包括谦卑型领导影响效应的质化研究、谦卑型领导的跨层影响效应研究，以及谦卑型领导的传递效应研究等。例如，Owens 和 Hekman（2012）研究发现，谦卑型领导首先会使员工感觉到领导认可自己、领导认可环境的不确定性，进而使员工信任领导、忠诚于领导，同时使双方都感觉到心理自由，并最终提高员工的敬业度，促使员工持续产生小的改变和进步，提升领导有效性。但谦卑型领导的有效性取决于两类权变因素：一是管理者方面的权变因素，如管理者的能力和领导行为的真诚性，管理者的能力越强，领导行为越真诚，谦卑型领导的影响越有效；二是环境方面的权变因素，如组织所面临的威胁和时间压力、组织的等级观念以及组织文化因素，当组织面临的外部威胁越严重、时间压力越紧迫，或组织等级观念越强时，谦卑型领导的影响效果越差，当组织的学习型组织文化越浓，谦卑型领导的作用效果越好。Owens 等（2013）研究发现，在控制自我效能感、责任心和一般认知能力后，管理者谦卑对成员的团队贡献以及个体绩效仍然有显著影响，并且团队层面的管理者谦卑通过促进团队学习可提升员工个体的参与度，通过提升员工个体的满意度来降低员工的自愿离职率。Owens 和 Hekman（2016）研究了谦卑型领导的传递效应，结果发现，谦卑型领导通过社会感染（Social Contagion）直接引发团队谦卑行为，即团队所共享的集体谦卑（Collective Humility），进而促使团队关注集体促进聚焦（Collective Promotion Focus），最终提升团队绩效。除此之外，Owens，Wallace 和 Waldman（2015）研究了管理者谦卑与自恋的交互作用，结果发现，谦卑可以弥补自恋的不良影响，当管理者拥有较高程度的谦卑时，他们更能提升下属的工作参与度和工作绩效。Owens 等人对管理者谦卑行为进行了较为系统的研究。然而，谦卑型领导还有很多值得探讨的主题，尤其是谦卑型领导调节中介机制方面，在此方面中国学者做了大量的有益补充。

中国组织情境下主要有两类研究，一类是关注管理者谦卑的传递效应，一类是关注个体层面谦卑型领导影响效应的作用机制。Ou（2014）研究CEO谦卑行为的垂滴效应，发现CEO谦卑使他们能进行更多的授权型领导，使中层管理者感觉到良好的组织授权氛围，从而增加中层经理的工作参与、情感承诺和工作绩效。曲庆、何志婵和梅哲群（2013）研究发现，在控制家长式领导的影响后，团队层面的谦卑型领导对个体层面的领导有效性和员工的组织认同具有显著的正向影响。以上两个研究均试图检验谦卑型领导自上而下的影响，但这些研究的传递效应并非是谦卑本身的传递。就个体层面的研究来看，先前的研究主要探讨谦卑型领导通过心理授权、心理安全、基于组织的自尊、组织认同、组织政治知觉以及自我效能感等对员工建言行为、工作投入、员工创造力、员工沉默以及领导有效性的影响，并关注权力距离感知在其中的负向调节作用。例如，雷星晖、单志汶、苏涛永和杨元飞（2015）发现，谦卑型领导通过提升心理安全和自我效能感对员工创造力产生显著正向影响；唐汉瑛、龙立荣和周如意（2015）得出，下属权力距离正向调节谦卑型领导对下属工作投入的正向影响，其中权力距离是通过下属组织自尊的中介发挥调节作用的；徐小凤和高日光（2016）发现，谦卑型领导通过员工组织政治知觉对员工沉默产生显著的负向影响。总体来看，国内学者对谦卑型领导跨层影响的研究相对缺乏，对谦卑型领导的传递效应探讨不够，对谦卑型领导作用机制的研究还没有形成相对系统的理论体系。

7.2.2 垂滴效应

垂滴效应这一概念是由美国经济学家赫希曼在1958年提出的，多用于经济学领域的研究，指优先发展的群体带动落后群体发展，从而带动经济增长。垂滴效应也常被用来形容里根经济学①，里根政府认为带动穷人富裕起来的最好办法就是帮助富人发展，增加总财富，最终财富会一滴一滴流到穷人手中。随着组织行为研究的不断深入，学者们开始关注组织内多层次领导的整合效应，研究不再集中于单一的主管领导行为对其下属员工的影响，而是同时将高层管理者、中层管理者与员工纳入研究中，探讨领

① 来自 https：//baike. baidu. com/item/涓滴效应/10866999？fr=aladdin。

导行为自上而下的影响效应。在管理者与员工互动过程中，管理者的某些行为和特征促使员工也表现出同类行为或特征，这一效应被称为 Trick-down Effect（Aryee et al., 2007），被译为“垂滴效应”“涓滴效应”或“下行传递效应”等。

Masterson（2001）最早将垂滴效应引入组织行为学的研究中，证实了组织公平感会从员工传递到客户，这为“一个层次上的个人感知和行为可能反映在下一个较低层次个体的感知和行为上”的观点提供了理论依据。社会认知学习理论（James et al., 1978; James, Joyce & Slocum, 1988）也支持这一结论。该理论认为，较高层次的观点或看法（如主管）是较低级别（如下属）的观点或看法的来源。在企业组织中，员工普遍将他们的上司作为关注的焦点。依据社会学习理论（Bandura, 1977），员工往往会模仿主管的行为模式来执行任务。鉴于此，Tepper 和 Taylor（2003）首次将垂滴效应纳入领导效应研究中，验证了管理者的程序公平感对下属程序公平感及 OCB 的影响。早期学者们将垂滴效应界定为，组织中高层领导的认知、态度和行为等通过中层管理者进行效应传递，进而影响员工的认知、态度和行为等，并且在传递过程中至少存在一个中介变量。例如，Shanock 和 Eisenberger（2006）发现，管理者的组织支持感会影响下属的主管支持感，进而影响下属的组织支持感以及下属的角色内和角色外绩效；Mayer 等（2009）论证了高管的伦理型领导通过影响主管的伦理型领导，进而影响员工的行为表现。然而，并非所有的研究均按此标准来界定垂滴效应。一种观点认为，即使领导者的某种认知、态度和行为促使员工产生了不同的认知、态度和行为，也可以称为垂滴效应。例如，Tepper 等（2006）发现，领导者的程序公平感会影响下属对滥用监管的感知；Erdogan 和 Enders（2007）发现，领导者的组织支持感会影响领导—成员交换的质量，进而影响下属的工作满意度和绩效。另一种观点认为，若某一层级管理者的认知、行为和态度使下属也表现出相同的认知、行为和态度，即可视为垂滴效应，该效应并非一定发生在不同层级的管理者之间（Ambrose, Schminke & Mayer, 2013），也可以发生在管理者和团队之间，管理者的感知、态度和行为对团队的影响同样重要。Ambrose, Schminke 和 Mayer（2013）发现，中层主管感知到的高层管理者营造的互动组织公平氛围后，会促使其团队形成组织公平氛围，进而使团队整体表现出更多的组织公民行为，降低团队的离职倾向。当前，学术界开始关注垂滴效应的边界条件，即对调节机制进行探讨。Ling，Lin 和 Wu（2016）验证了高层管理者的服务型领导通过影响中层管理者的服务型领导，进而影响员工的服务导向行为，其中组织的服务氛围起正向调节作用。Hon 和 Lu（2016）对管理者滥用监督行为的垂滴效应进行研究，并探讨了权力距离和传统文化的负向调节作用。在先前的垂滴效应研究中，仅有个别研究探讨谦卑型领导行为的传递作用，并且有关谦卑型领导行为与团队变量关系的实证研究也比较缺乏。

7.2.3 团队谦卑

先前的研究更多关注个体层面的谦卑，很少关注团队谦卑。Owens 和 Heckman（2016）认为团队谦卑是折射出谦卑特征的团队人际交互模式，主要表现为团队成员承认和欣赏他人的优势，听取彼此的反馈并开放性地接受新观点，承认错误并建设性地纠正错误，和集体人格有些类似（Hofmann & Jones，2005）。先前对团队谦卑的测量主要是把个体层面的谦卑数据合成到团队层面来代表团队谦卑，本研究拟基于团队谦卑的内涵，选择能代表团队谦卑典型特征的变量来测量团队谦卑，包括团队学习和团队知识分享。

首先，团队学习的目的、过程和结果无不反映和代表团队谦卑。团队学习是 Senge（1990）提出的一个概念，指团队成员基于其所拥有的共同愿景和自我超越等特征而进行的一种团队整体的学习行为。团队学习对于提升组织学习能力、组织效能以及组织应对环境变化的能力具有独特的作用（Senge，1990），尤其是克服“个体无法应对动态复杂的外部环境”的缺陷（Ross & Nisbett，2011）；团队学习过程本身强调团队成员之间的信息交换、信息分享、意见完善、发现错误并进行改进等承认自身不足、接纳他人观点的谦卑行为（Andre & Shipps，2010）；团队学习的结果可能是团队成员之间的经验共享以及整个团队对自身的超越和绩效提升（Ellis et al.，2003）。之前很多学者把团队学习当作一种结果来测量（Zellmer-Bruhn & Gibson，2006），认为没有绩效改变就没有学习发生（Wilson，Goodman & Cronin，2007）。然而，学习并不一定导致团队整体绩效的改变，绩效的提升也不一定就是团队学习的结果，团队学习更应该被当作一种活动或行为过程来研究。有学者提出，团队学习是指团队成员所实施的学习活动，通过团队学习，团队获得和加工受许可的数据，并改善或达到更好的团队绩效（Boselie, Van Woerkom & Croon, 2009）。团队学习包括信息获得、信息加工以及信息储存和检索，这三个过程不是按序进行的，而是内部相关的，它们对团队学习的出现都很必要（Gibson & Vermeulen, 2003）。但无论如何，团队学习是建立在团队成员拥有共同愿景和自我超越的基础上的（Edmondson, 1999），可能包括寻找反馈、分享信息、寻求帮助、谈论错误以及试误等（Edmondson, 2012），这在很大程度上是谦卑的体现，可以作为团队谦卑的典型特征之一。

其次，团队知识分享是对团队内其他成员知识、观点、意见等保持开放性的姿态，本身也是团队谦卑的体现。作为一种以知识为中心的活动，知识分享是成员相互交换知识，并对知识应用、创新以及最终提升组织竞争优势做出贡献的基本方式（Wang & Noe, 2010）。知识分享对于组织保存有价值的知识财产、学习新技术、解决问题、创造核心竞争力等都是很重要的（Hu, Horng & Sun, 2009; Huang, Chen & Stewart, 2010）。知识分享的本质是个体认识到个人力量的单薄，需要与他人进行合作来达成更优的组织绩效；知识分享要求成员把自我展现在他人面前，可能展现自己的优势，也有可能暴露自己的劣势；知识分享是一个互动的过程，分享者和接受者之间一般要有知识的碰撞，个体在进行知识分享的过程中也在进行进一步的学习。团队知识分享实质上是通过充分的团队沟通，使团队成员在有限的时间和空间范围内，更有效地交换知识、技能、经验、人际网络以及其他有利于工作改进的内容，并实现思想的碰撞，产生更多的组织创新（Sveiby, 1997）。同时，知识分享的目的和结果也是为了不断超越当前现状，产生更好的组织绩效。因此，团队知识分享也是团队谦卑的重要特征之一。

基于以上分析，本研究拟将团队学习和团队知识分享作为团队谦卑的替代性测量变量，并将在团队层面探讨谦卑型领导的垂滴效应，主要包括三项内容：①结合 Trickle-down 模式，对谦卑型领导的自上而下的传递效应进行研究，预测谦卑型领导的影响力是否会自上而下地从高层管理者流向中层管理者，再流向团队；②探讨中层谦卑型领导通过团队谦卑行为的中介作用对团队绩效的影响；③将管理者的自恋人格特征作为调节变量纳入研究模型，探讨领导力传递效应的边界条件。具体的研究模型如图 7-1 所示。

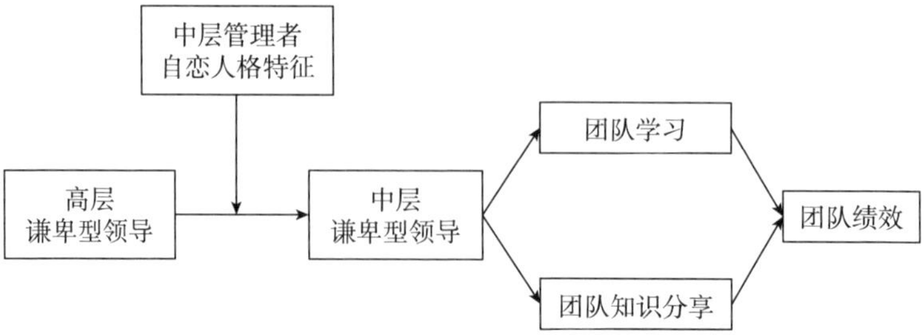

图 7-1　谦卑型领导垂滴效应的研究模型

7.2.4　谦卑型领导的垂滴效应

7.2.4.1　谦卑型领导的直接影响

根据社会学习理论（Bandura，1977），个体会在特定情境下观察他人的态度和行为，并注意到这些行为所产生的结果。当模仿对象具有较高社会地位，并有高水平的能力和权力、能够控制住关键奖励时，个体更可能模仿和学习他人行为。在企业中，领导具有较高的能力和权力，掌控着员工的绩效评价、薪酬与晋升，更容易促使员工在类似的情景下模仿领导者的态度和行为，并期望得到类似的结果。Owens 和 Heckman（2016）基于社会认知理论发现，谦卑型领导有利于促进团队在人际交往过程中形成集体谦卑，从而形成一种以持续改进、进步和成就为重点的团队导向。由此，谦卑型领导会促使团队成员表现出更多的谦卑行为，意识到和承认自身在团队内的优点和不足；对新信息、思想和方法持有更开放的态度；更积极地肯定团队内其他成员的价值并不断自我超越。

谦卑型领导者充分意识到自身需要成长的地方，督促自身不断学习和超越，看重下属的发展与成长，支持和鼓励下属不断学习，提高他们学习成长的意识，从而更可能促使下属表现出更多的团队学习行为。Zellmer-Bruhn 和 Gibson（2006）指出，当团队掌握较少自主权时，成员可能更多按照已有方法工作，从而表现出更少的学习行为。谦卑型领导者在工作中关注员工动态，倾向于更多地授权员工以促进员工发展（Morris et al.，2005），团队成员拥有较高的自主权，这种高度的自主权会促使员工进行更多的主动探索，表现出更多的学习行为。因此，谦卑型领导会促进团队学习。团队知识分享目前已成为组织发展所必不可少的行为，然而知识分享行为并不是自发的，往往需要外部条件的促进，有研究发现，团队的管理者对团队知识分享的影响尤为重要（Politis，2001；Srivastava et al.，2006）。在谦卑型领导的影响下，团队成员往往会模仿管理者的行为，如放低自身姿态，对外界的新思想和新看法保持开放性的态度，谦虚地向他人学习，与团队其他成员交流知识和经验，这种向他人学习、获取知识经验的过程，也是团队成员分享自身知识的过程。尤其是，当团队成员通过互相交流新知识和新想法，有效地解决更多的技术难题，进行更多的工作方法创新时，谦卑型领导所展现的支持和授权行为，会进一步促进团队成员表现出更多的团队知识分享行为。先前的实证研究确实发现，领导行为会影响团队内的知识分享程度，如 Farrell 等（2005）研究得出，变革型领导对组织知识分享有直接和间接的影响。

在企业团队中，团队成员所接触的领导一般包括中层管理者（直接主管）和高层管理者。然而，先前的实证研究，少有将这两种领导行为区分开，而是直接将调查对象含糊地归纳为"领导或管理者"，这一做法可能混淆了不同层级管理之间的影响机制（白云涛等，2008）。高层管理者作为团队中最高权力层，通过制定团队的规章和战略等间接影响团队成员的行为方式（席酉民，2006）。中层管理者作为团队成员的直接领导，在工作中与团队成员频繁地直接接触和交流，对员工的行为有着更为直接的影响。因此，我们认为高层的谦卑型领导和中层的谦卑型领导对团队谦卑行为均有影响，但两者的影响可能有所不同。基于以上分析，本研究提出以下理论假设：

假设 1a：高层的谦卑型领导者对团队学习有显著的正向影响。

假设 1b：高层的谦卑型领导者对团队知识分享有显著的正向影响。

假设 2a：中层的谦卑型领导者对团队学习有显著的正向影响。

假设 2b：中层的谦卑型领导者对团队知识分享有显著的正向影响。

7.2.4.2 中层谦卑型领导的中介作用

在组织环境中，高层管理者对中层管理者的影响通常被认为是强大、可靠并且高度可见的（Brown et al.，2005）。社会学习理论提出，人们在工作场所通常会观察学习示范者的行为，从而表现出相应的适当行为。在组织中，高层管理者是中层管理者的直接主管，中层管理者很有可能不断观察学习高层管理者的态度和行为，并与他们持续进行互动。Singh，Vinnicombe 和 James（2013）在一项定性研究中发现，中层管理者在工作中确实模仿和复制了高级管理者的行为。因此，中层管理者感知到高层管理者的谦卑后，也会通过学习模仿，从而表现出更多的谦卑领导行为。当中层管理者认为高层管理者的行为增强了自身的自信心并认可了自己的能力时，他们会以更积极的方式对待自己的下属。当高层管理者以谦卑的方式对待中层管理者，在工作中积极肯定其价值时，中层管理者也可能使用同样谦卑的方式对待其所管理的团队成员，欣赏和肯定团队成员的工作价值。对于团队成员来说，相比高层管理者，中层管理者是他们的直接主管，工作中的交集更多，中层管理者的行为也是社会学习的重要来源，员工在开展工作的过程中往往会模仿其团队管理者的行为模式。若团队成员长期处于中层谦卑型领导者的管理下，其就会对中层管理者的行为进行观察学习，进而表现出更多的团队谦卑行为。当团队内形成了集体谦卑导向时，团队成员更容易认识到自身的不足，欣赏他人的长处，更倾向于学习团队内外其他成员的长处。正如先前研究提出的，当谦卑型领导者在工作中愿意放低自身姿态，积极参与知识共享并进行示范时，团队成员也极可能乐于分享自身的专业知识（Lee et al.，2010）。基于以上分析，本研究提出以下理论假设：

假设 3：高层管理者的谦卑型领导对中层管理者的谦卑型领导有显著的正向影响。

假设 4a：中层管理者的谦卑型领导在高层管理者的谦卑型领导和团队学习之间起中介作用。

假设 4b：中层管理者的谦卑型领导在高层管理者的谦卑型领导和团队知识分享之间起中介作用。

7.2.5 团队谦卑行为的中介作用

7.2.5.1 中层的谦卑型领导对团队任务绩效的影响

管理者一直被认为是影响团队绩效的最重要的背景因素（Williams，Parker & Turner，2010）。谦卑型领导会使团队表现出更多的谦卑行为。团队的谦卑导向可使团队成员承认自身不足，欣赏其他成员的优点，并具备可教导性。Owens 等（2015）认为，谦卑型领导者首先统一下属的行为，其次塑造和培养谦卑的团队文化或共同的目标，最终影响团队绩效。当谦卑品质融入团队后，谦卑会使团队成员意识到自身的不足，并通过努力学习不断提升自我，从而产生更好的工作表现。同时，团队成员对自身能力的客观认识会促使团队进行更有效的任务分配。在团队中依据团队成员的能力而不是按照其他因素（如社会地位等）进行任务分配，可以最大限度地提升团队工作效率和结果（Klein et al., 2006）。当团队成员了解自身的优势和劣势，知道如何适应团队时，团队的绩效表现才会更好（Lorinkova, Pearsall & Sims, 2013）。因此，团队管理者的谦卑型领导行为可以提升团队任务绩效。基于以上分析，本研究提出以下理论假设：

假设 5：中层谦卑型领导对团队任务绩效有显著的正向影响。

7.2.5.2 团队谦卑行为的中介作用

团队作为企业中的一种组织结构，由具备个性差异的两个或两个以上的员工构成，因此团队通常被当作一个良好的学习平台，团队学习也被认为是团队组织的预期收益之一（Van Offenbeek, 2001）。团队成员间相互交流，团队成员学习团队内外部成员所掌握的知识和技能，这可能会影响团队集体学习过程的效率和效果（Ellis et al., 2003），可能使团队的产出大于其成员个人绩效的总和。首先，团队学习促使团队成员整合团队知识，改善团队行为，对团队良好的沟通和协调非常有利，从而可能会促进团队任务绩效的提高。例如，Zellmer-Brnhn 和 Gibson（2006）在跨国组织情境下研究发现，团队学习会对人际交往质量和团队任务绩效有显著的正向影响。其次，团队学习会促使成员不断接受新事物，具备不断超越和创新的精神，对内外部成员提出的新想法、新流程、新产品或新程序保持开放性的姿态，有助于提高团队任务绩效。团队学习加强团队内员工之间的思想交流，在这种频繁的思想碰撞下，团队会有更高质量的创新想法和工作绩效（Paulus & Yang, 2000）。最后，团队学习有助于团队有效应对变化或不确定的企业生存环境，保证绩效的不断提高。团队学习可使成员不断深入了解内外部环境和客户需求，不断改进自我管理的方法，不断优化团队合作方式、更有效地参与公司的改革举措，更好地为相关团队提供帮助和支持等。团队学习可促使成员更广泛地了解如何将任务所需的全部技能以最佳的方式结合在一起，以产生新产品或新服务（Dunphy & Bryant，1996），同时也会促进团队适应不断变化的环境、不断改进流程和实践，并发现新的更好地实现团队目标的方法，最终导致更好的团队绩效（Bunderson & Sutcliffe，2003；Edmondson，1999）。

Edmondson（1999，2003）发现管理者的指导行为对团队学习行为有很大的促进作用。一方面，谦卑型领导追求自我进步，会鼓励和带动团队进行学习。另一方面，团队成员在模仿谦卑型领导者的谦卑行为时，他们很容易意识到自身的局限和不足，会在团队内形成一种集体谦卑，会自觉地向团队内外更有经验的人学习。总之，谦卑型领导会促进团队学习，团队学习又会促进团队任务绩效的提升。

学者们已经证实，团队知识分享可从多方面提升团队绩效（Ancona & Caldwell，1992；Faraj & Sproull，2000；Hong et al.，2004；Hoopes & Steven，1999）。首先，知识分享有利于知识和信息的汇集与创新，从而促进绩效提高。先前的研究发现，任何人将不同来源的信息分发给他人，都可能有助于提高效率和效力（Van Den Hooff & De Ridder，2004）；在一个工作团队中，成员个人之间的知识分享会将知识来源汇集在一起，并将其变成新的知识结构，通过改进企业的业务流程、产品和服务来提高绩效（Law & Ngai，2008）。其次，知识分享有利于团队更好地决策和解决工作问题，产生更高的团队绩效。通过知识分享，团队成员可对他人的经验进行学习，利用团队中已有的知识和经验，进行更好的团队工作决策（Davenport et al.，1996）、更好地解决问题（Kogut & Zander 1992；Salisbury，2001）。对于团队工作中重复出现的问题，可利用团队内成员已有的经验解决，缩减工作时间和成本，而团队间分享解决问题的经验，有利于所有成员更好地了解问题，以及探讨更多样化的解决方案，提高工作效率。最后，团队知识分享有利于团队产生更多的创新活动，促进团队绩效的提升。团队成员通过交流和分享，可从以往的经验中总结出可学习、可改进的地方（Nonaka & Takeuchi，1995），不断挖掘隐性知识（对客户需求的了解、可能解决的棘手问题、新技术的信息），有利于创新想法的产生，从而提升团队绩效。Srivastava 等（2006）以分权领导的管理团队为研究对象，证明了团队内知识分享会对团队绩效有显著的正向影响。曹科岩等（2009）也将变革型领导团队作为样本，研究发现团队内知识分享行为能显著提升团队绩效。基于以上分析，本研究提出以下理论假设：

假设6：团队知识分享在中层谦卑型领导和团队绩效之间起中介作用。

7.2.6 中层管理者自恋人格特征的调节作用

自恋被定义为“复杂的人格特质，包括宏伟但脆弱的自我意识，以及专注于成功和过高的被赞赏的需求”等特征（Ames, Rose & Anderson, 2006）。自恋的个体具有膨胀的自我认知（Morf & Rhodewalt, 2001），并且往往过度以自我为中心，认为自己很优越并且是无与伦比的，有很高的权力欲以及强烈的领导动机（Emmons, 1987；Galvin, Waldman & Balthazard, 2010；O'Reilly et al., 2014；Rosenthal & Pittinsky, 2006）。尽管自恋看起来对于领导者成功有直接的负面影响，自恋的人往往会忽略对社会化愿景的追求，如以股东为中心的愿景（Brown & Treviño, 2006；De Luque et al., 2008），以自我利益为中心，但先前也有部分研究证实，自恋对领导者成功可能有正向影响。例如，Galvin 等（2010）的研究表明，自恋的人更有可能支持组织实现重大变革所必需的大胆愿景。然而，Judge, LePine 和 Rich（2006）研究发现，领导者自恋与领导效能评估呈正相关，而在另一项研究中两者则呈现负相关。因此，自恋对领导有效性具有促进作用还是抑制作用，是领导者自恋研究领域亟待弄清的重要问题。

本研究引入中层管理者的自恋人格特质，探讨其在高层谦卑型领导对中层谦卑型领导影响中的调节作用。谦卑的人愿意承认自己的错误（Vera&Rodriguez-Lopez, 2004），并寻求反馈和建议来纠正错误（Owens et al., 2013），倾向于赞赏他人的贡献，并愿意分享荣誉（Tangney, 2002）。相反，自恋的人拒绝负面反馈（Maccoby, 2004），喜欢大胆和挑战性的行为（Chatterjee&Hambrick, 2007），习惯于将有利的结果归因于自己，并将不利的结果归责于他人（Brown, 1997）。高层谦卑型领导所表现出的谦卑行为，在一定程度上会激发中层管理者对谦卑的认知和动机。因此，当中层管理者处于低自恋水平时，他们不会以自我为中心，而是更容易去模仿高层的谦卑型领导行为，更容易受到谦卑型领导行为的正向影响。但当中层管理者处于高水平自恋状态时，他们认为自身是优越的和无与伦比的（O'Reilly et al., 2014），可能会直接忽视高层管理者的谦卑型领导行为，依然以自我为中心进行工作，而此时高层谦卑型领导行为对中层管理者的影响就会大大减弱。此外，认知失调理论（The Cognitive Dissonance Theory）（Festinger，1957）提出，当个体持有两种不一致的认知（如“我是自恋的”和“我是谦卑型的管理者”）时，个体会感觉心理紧张或不舒适，并倾向于通过改变两种认知或放弃其中一种认知来减少这种失调状态。当中层管理者处于较低的自恋水平时，高层管理者的谦卑型领导行为的影响不会导致中层管理者产生过大的心理失调，这种影响更容易发生，影响结果会更佳；当中层管理者处于较高的自恋水平时，高层管理者的谦卑型领导行为的影响可能极大程度地导致中层管理者的心理失调，中层管理者为了平衡自恋和谦卑两种认知矛盾，很有可能改变自身对谦卑的看法以继续保持内心对高水平自恋的认知。基于以上分析，本研究提出以下理论假设：

假设 7：中层管理者的自恋人格特质在高层谦卑型领导对中层谦卑型领导的影响中起负向调节作用，即中层管理者的自恋程度越低，高层管理者的谦卑型领导对中层管理者的谦卑型领导的正向影响越强。

7.3 研究设计与方法

7.3.1 研究样本

本研究以来自企业组织的团队为样本，每个团队包含一名管理者和三名团队成员，团队的管理者被界定为中层管理者，团队管理者的直接上司被界定为高层管理者，但本研究的实际调查样本不涉及高层管理者。研究共发放团队问卷 200 套，回收 171 套，去除问卷题目填答空余过多、连续多次选择某个选项以及影响研究的人口学信息缺失过半的问卷后，最终获得 127 个团队的有效数据，包括 127 名管理者的数据和 381 名团队成员的数据，研究样本的人口学特征如表 7-1 所示。

表 7-1 研究样本的人口学特征分析结果

变量	类别	中层管理者人数及比例	员工人数及比例
性别	男	64（50.39%）	163（42.78%）
	女	45（35.43%）	195（51.18%）
年龄	30 岁以下	18（14.17%）	252（66.14%）
	31~40 岁	67（52.76%）	90（23.62%）
	40 岁以上	38（29.92%）	23（6.04%）
工龄	3 年及以下	3（2.36%）	152（39.90%）
	4~10 年	43（33.86%）	145（38.06%）
	10 年以上	72（56.69%）	66（17.32%）
司龄	3 年及以下	17（13.38%）	207（54.33%）
	4~10 年	74（58.27%）	134（35.17%）
	10 年以上	26（20.47%）	25（6.56%）
最高学历	高中及以下	7（5.51%）	16（4.20%）
	专科	9（7.09%）	65（17.06%）
	本科	86（67.72%）	249（65.35%）
	研究生	17（13.39%）	36（9.45%）

注：人口学中不足 100%的部分为缺失数据。

7.3.2 研究程序

本研究采用问卷调查的方式以团队为单位进行数据收集，每套团队问卷包含一份中层管理者问卷和三份团队成员问卷。中层管理者问卷要求中层管理者评价其直接上司（即高层管理者）的谦卑型领导行为、团队的知识分享行为、团队绩效，并自评其自恋人格以及人口学特征；团队成员问卷要求团队成员评价团队中层管理者的谦卑型领导行为、团队学习行为以及自我报告其人口学特征。为避免团队成员评价中层管理者所产生的心理顾虑，问卷均由代理人分发给研究对象匿名填写，并且中层管理者不知晓团队成员对其进行了评价，研究对象在填写完问卷后直接邮寄给研究者本人。

7.3.3 研究工具

本研究采用问卷调查法进行数据收集，研究变量均采用国内外成熟的量表进行测量，具有较好的信度和效度。本研究所有测量工具的计分均采用 Likert 5 点量表记分法。

谦卑型领导：采用 Owens 等（2013）开发的领导者谦卑量表分别测量高层管理者和中层管理者的谦卑型领导行为，其中高层管理者的谦卑型领导行为由中层管理者进行评价，中层管理者的谦卑型领导行为由团队员工进行评价。该量表共九个题项，代表性题目包括“我的上司认为其他人有时比他拥有更多的知识和技能”“我的上司经常对别人的优点进行赞赏”。

自恋：采用 Jones 和 Paulhus（2014）开发的量表进行测量，共九个题项，其中包括两个反向计分的题项，由中层管理者自评，代表性题目包括“别人认为我是天生的领导者”“我讨厌成为关注的焦点”（反向计分）。

团队知识分享：对 Bock 等（2005）开发的组织层面的知识分享量表进行适当的表述改编，用来测量团队层面的知识分享行为，共五个题项，由团队管理者进行评价，代表性题目包括“我经常与团队成员分享我的工作报告和官方文件”“我经常与团队成员分享我的工作经验或工作诀窍”。

团队学习：采用 Edmondson（1999）开发的团队学习量表进行测量，除去一道反向记分题项，共选取六个题项，由团队成员自评，代表性题目包括“我们通常花时间去想办法提升我们团队的工作进程”“我们团队倾向于私下处理不同意见，而不是直接在团队中提出不同意见”（反向计分）。

团队绩效：采用 Hackman 和 Richard（1987）的绩效量表，共五个题项，其中四个为反向计分题项，由团队管理者评价，代表性题目包括“我们团队所提供的工作质量是不断提升的”“在公司，与我们团队互动的其他人经常抱怨我们团队没有发挥作用”。

7.4 数据分析与结果

7.4.1 数据聚合指标的检验结果

本研究除中层管理者的谦卑型领导行为和团队的知识分享行为由员工评价外，其余变量都由中层管理者评价，所以需将中层管理者的谦卑型领导和团队知识分享从个体层面聚合到团队层面。在数据聚合前，先计算个体层面的中层管理者的谦卑型领导和团队知识分享数据的组内一致性 R_{wg}、团队均值的 F 检验以及组间一致性 ICC（1）、ICC（2）（Bliese，2000；Jamse，1982；James，Demaree & Wolf，1993）。其中，中层管理者的谦卑型领导的 R_{wg}的均值为 0.92（>0.70），F=3.19（p<0.001），ICC（1）和 ICC（2）分别为 0.42（>0.12）、0.69（>0.50）；团队知识分享的 R_{wg}的均值为 0.84（>0.70），F=2.67（p<0.001），ICC（1）和 ICC（2）分别为 0.36（>0.12）和 0.63（>0.50），均满足数据聚合的条件。因此，将员工评价的谦卑型领导行为和团队知识分享数据聚合到团队层面是合适的。

7.4.2 研究变量的描述性统计分析结果

本研究首先对研究变量及人口学变量进行描述性统计分析，各变量的均值、标准差以及相关系数的分析结果如表 7-2 所示。

表 7-2 研究变量及人口学变量的均值、标准差以及相关系数的分析结果（N=127）

变量	M	SD	1	2	3	4	5	6
1. 高层谦卑型领导	3.58	0.63	0.85					
2. 中层谦卑型领导	3.71	0.54	0.39**	0.91				
3. 团队学习	3.37	0.57	0.34**	0.38**	0.71			

续表

变量	M	SD	1	2	3	4	5	6
4. 团队知识分享	3.38	0.55	0.39**	0.58**	0.43**	0.87		
5. 团队绩效	4.03	0.50	0.24**	0.26*	0.37**	0.31**	0.74	
6. 中层自恋	3.05	0.51	0.05	-0.14	-0.03	-0.03	0.09	0.83
7. 管理者年龄	38.14	7.97	0.19*	0.09	-0.03	0.09	-0.07	-0.05
8. 管理者司龄	8.44	5.20	-0.08	-0.10	-0.21*	-0.08	-0.03	-0.11
9. 管理者学历[a]			-0.07	-0.12	0.00	-0.05	-0.01	0.16

注：** 代表 $p<0.01$，* 代表 $p<0.05$；a "0" 为 "高中及以下"，"1" 为 "高中以上"；对角线上数字为信度系数。

由表 7-2 可知，各个研究变量测量工具的 Cronbach's α 系数均大于 0.70，符合心理测量学的基本要求。高层谦卑型领导与中层谦卑型领导（$r=0.39$，$p<0.01$）、团队学习（$r=0.34$，$p<0.01$）、团队知识分享（$r=0.39$，$p<0.01$）、团队绩效（$r=0.24$，$p<0.01$）等变量之间均呈现中等程度的显著相关；中层谦卑型领导与团队学习（$r=0.38$，$p<0.01$）、团队知识分享（$r=0.58$，$p<0.01$）、团队绩效（$r=0.26$，$p<0.01$）变量之间均呈现中等程度的显著相关；团队学习与团队绩效相关显著（$r=0.37$，$p<0.01$），团队知识分享与团队绩效相关显著（$r=0.31$，$p<0.01$）。因此，研究可以进一步对变量之间的关系进行回归分析。

7.4.3 假设检验

7.4.3.1 谦卑型领导垂滴效应检验

本研究采用 SPSS20.0 进行层级回归分析以检验研究假设，中介效应分析结果如表 7-3 所示。

由表 7-3 可知，在控制中层管理者的人口学变量后，高层谦卑型领导对中层谦卑型领导（$\beta=0.36$，$p<0.001$）、团队学习（$\beta=0.32$，$p<0.01$）、团队知识分享（$\beta=0.41$，$p<0.001$）均具有显著的正向影响，假设 1a、假设 1b 和假设 3 得到支持；在加入中介变量中层谦卑型领导后，高

表 7-3 中层谦卑型领导的中介效应检验结果

变量	中层谦卑型领导	团队学习		团队知识分享	
		M1	M2	M3	M4
控制变量					
管理者年龄	0.10	-0.04	-0.07	0.10	0.05
管理者司龄	-0.09	-0.16	-0.13	-0.09	-0.05
管理者学历	-0.13	-0.04	-0.01	-0.04	0.03
自变量					
高层谦卑型领导	0.36***	0.32**	0.22*	0.41***	0.23**
中介变量					
中层谦卑型领导			0.30**		0.22***
R^2	0.18***	0.15**	0.22***	0.20***	0.41***
F	6.01***	4.71**	6.08***	6.83***	14.83***
ΔR^2	0.18***	0.15**	0.07**	0.20***	0.21***
ΔF	6.01***	4.71**	9.98**	6.83***	37.59***

注：所控制的人口学变量为中层管理者的人口学变量；*** 代表 p<0.001，** 代表 p<0.01，* 代表 p<0.05。

层谦卑型领导对团队学习（β =0.22，p <0.05）和团队知识分享（β = 0.23，p <0.01）的正向影响减弱，而中层谦卑型领导对团队学习（β = 0.30，p <0.01）、团队知识分享（β =0.22，p <0.001）具有正向显著的影响，可见，中层谦卑型领导在高层谦卑型领导与团队学习、团队知识分享之间起部分中介作用，假设 2a、假设 2b、假设 4a、假设 4b 均得到验证。

7.4.3.2 团队谦卑行为的中介效应检验

本研究仍然采用 SPSS20.0 的层级回归方法对团队谦卑行为的中介效应进行检验，分析结果如表 7-4 所示。

表 7-4　团队谦卑行为的中介效应检验结果

变量	团队学习	团队知识分享	团队绩效		
			M1	M2	M3
控制变量					
管理者年龄	-0.07	0.05	-0.20	-0.17	-0.21*
管理者司龄	-0.13	-0.05	0.08	0.12	0.01
管理者学历	-0.01	0.03	0.10	0.11	0.10
高层谦卑型领导	0.22*	0.23**	0.19	0.12	0.14
自变量					
中层谦卑型领导	0.30**	0.22***	0.27**	0.16	0.15
中介变量					
团队学习				0.35***	
团队知识分享					0.23*
R^2	0.22***	0.41***	0.15**	0.24***	0.18**
F	6.08***	14.83***	3.64**	5.66***	3.81**
ΔR^2	0.22***	0.41***	0.15**	0.10***	0.03*
ΔF	6.08***	14.83***	3.64**	13.60***	4.10*

注：所控制的人口学变量为中层管理者的人口学变量；*** 代表 $p<0.001$，** 代表 $p<0.01$，* 代表 $p<0.05$。

由表 7-4 可知，在控制住中层管理者人口学变量以及高层谦卑型领导的影响后，中层谦卑型领导对团队学习（$\beta=0.30$，$p<0.01$）、团队知识分享（$\beta=0.22$，$p<0.001$）、团队绩效（$\beta=0.27$，$p<0.01$）具有显著的正向影响，假设 2a、假设 2b、假设 5 均得到支持。在加入中介变量团队学习后，团队学习对团队绩效（$\beta=0.35$，$p<0.001$）具有显著的正向影响，而中层谦卑型领导对团队绩效（$\beta=0.16$，$p>0.05$）的影响变为不显著。在加入中介变量团队知识分享后，团队知识分享对团队绩效（$\beta=0.23$，$p<0.05$）具有显著的正向影响，而中层谦卑型领导对团队绩效（$\beta=0.15$，$p>0.05$）的影响变为不显著。可见，团队学习和团队知识分享在中层谦卑型领导和团队绩效之间起着中介作用，假设 6、假设 7 均得到支持。

7.4.3.3 自恋人格特征的调节作用检验

首先，分别对高层谦卑型领导、中层谦卑型领导以及自恋特征进行标准化处理；其次，将高层谦卑型领导和自恋特征的标准分数相乘得到交互项（高层谦卑型领导×自恋）；最后，加入控制变量进行层级回归（刘军，2008），结果如表 7-5 所示。

表 7-5 自恋人格特征的调节作用分析结果

变量	中层谦卑型领导		
	M1	M2	M3
控制变量			
管理者年龄	0.10	0.11	0.13
管理者司龄	−0.11	−0.15	−0.16
管理者学历	−0.17	−0.14	−0.14
自变量			
高层谦卑型领导	0.25**	0.22*	0.26**
调节变量			
自恋		−0.23**	−0.17
交互项			
高层谦卑型领导×自恋			−0.19*
R^2	0.12**	0.18***	0.21***
F	4.23**	5.08***	5.11***
ΔR^2	0.12**	0.05**	0.03*
ΔF	4.23**	7.56**	4.54*

注：所控制的人口学变量为中层管理者的人口学变量；*** 代表 $p<0.001$，** 代表 $p<0.01$，* 代表 $p<0.05$。

由表 7-5 可知，在控制住中层管理者的人口学变量后，高层谦卑型领导与自恋人格特征的交互项对中层谦卑型领导有显著的负向影响（$\beta = -0.19$，$p < 0.05$）。因此，假设 8 得到支持。

为了更详细地解释自恋人格特征对高层谦卑型领导与中层谦卑型领导之间关系的调节作用，研究计算了在高水平自恋与低水平自恋的情况下，高层谦卑型领导与中层谦卑型领导之间关系的回归方程。我们将高水平自恋界定为高于均值 1 个标准差，将低水平自恋界定为低于均值 1 个标准差，具体的调节图如图 7-2 所示。

由图 7-2 可知，当中层管理者具有高水平自恋时，高层的谦卑型领导对中层的谦卑型领导影响不显著（$\beta = -0.32$，$p > 0.05$）；当中层管理者具有低水平自恋时，高层的谦卑型领导对中层的谦卑型领导影响显著（$\beta = 0.64$，$p < 0.01$），中层管理者自恋程度越低，高层谦卑型领导对中层谦卑型领导的影响越强，假设 8 再次得到验证。

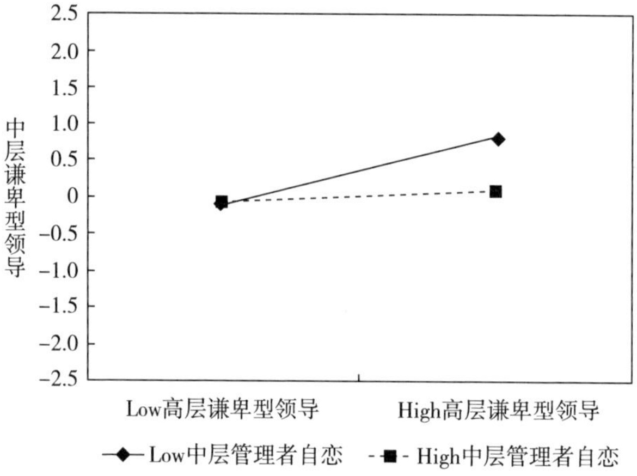

图 7-2　中层管理者自恋人格特征的调节作用

7.5　讨论与结论

7.5.1　研究意义

谦卑型领导是近些年来新兴的领导理论，已有不少研究证明了谦卑型领导在组织情境中的积极影响（Ou et al.，2014；Owens & Hekman，2012；Owens et al.，2013），但先前的研究文献未曾关注谦卑型领导行为在不同层级的管理者之间的传递效应及其传递机制。本研究以 127 个企业团队为研究对象，每个团队包括一名中层管理者及三名团队成员，对谦卑型领导的垂滴效应进行了实证研究。

中介效应检验发现，高层的谦卑型领导行为会通过影响中层的谦卑型领导行为进而影响团队的谦卑行为，中层谦卑型领导会通过影响团队谦卑行为进而影响团队绩效。这一研究结果验证了谦卑型领导的垂滴效应，即中层管理者感知到高层管理者的谦卑后，会谦卑地对待其团队，团队员工感知到团队管理者的谦卑型领导行为后，也倾向于表现出更多的谦卑行为，员工之间会更乐于相互学习和知识分享，并最终提升团队绩效。这一研究结果说明，在中国组织情境中应用垂滴模型进行谦卑型领导的研究是很必要的。由于我国传统文化导致权力距离过大，领导者对隔级下属的直接影响较弱，中层管理者在领导效应传递过程中起着桥梁作用。当中层管理者在组织中扮演主管和下属双重角色时，有必要将其两种角色都纳入研究中，以完整地展示不同层次的管理者的垂滴效应，使研究结果更为完善（Mayer et al.，2009）。解释谦卑型领导的垂滴效应，可为企业提供解决问题的新途径。垂滴效应表明，糟糕的高层—主管关系可能会形成糟糕的主管—下属关系。因此，当企业处于低绩效状态时，一味地调整和改变中层管理者及员工的行为来提升组织绩效可能是有限的，考虑高层管理者领导行为的间接影响，可能更有助于企业找准目标和采取措施提升企业的整体绩效。

本研究首次证实了自恋人格特征对谦卑型领导传递效应的调节作用，与高水平的自恋相比，中层管理者自恋程度越低，高层谦卑型领导与中层谦卑型领导之间的关系越强，这一结果进一步证实领导行为与下属特征匹配的重要性，当下属自恋水平比较低时，下属更容易接受上司的谦卑型领导行为并对该行为进行内化，当下属自恋水平比较高时，下属对谦卑型领导行为是排斥的，不利于谦卑型领导行为效用的发挥。因此，任何领导行为都不是万能的，关注领导行为效能发挥的边界条件非常重要。这一研究结果对管理实践也有一定的启示。对于自恋程度高的下属，谦卑型领导效用的发挥无法通过自发自觉自愿的过程来完成，外力的推动可能非常重要，例如可构建学习型组织文化，中和自恋的不良影响。

7.5.2 研究贡献与不足

本研究的贡献主要有两点：①本研究关注组织内多个层次的领导行为的传递效应，拓展了先前谦卑型领导传递效应的研究结论。先前的研究大多关注直接主管和下属之间的相互影响，未将不同层级的领导行为纳入研究。②本研究考虑了领导行为与员工特征的匹配性对领导效能的影响，将中层管理者的自恋人格特质纳入研究，对先前的调节机制研究进行了很好的补充。

本研究也存在一定的不足，主要有以下三点：①由于资源和时间的限制，本研究的数据属于横截面数据，未考虑到时间变化对变量之间因果关系的影响。以后的研究可以在不同时间点收集数据，采用纵向追踪研究来探讨变量之间的因果关系。②本研究探讨了谦卑型领导自上而下的垂滴效应及边界条件，然而，除了领导者的人格特征外，许多组织因素都有可能影响传递效应，如组织文化、组织氛围等，后续可进一步挖掘其他的调节变量来扩展研究模型。③本研究只验证了领导行为对团队自上而下的传递效应，但在组织中领导行为对团队员工产生影响的同时也会受到团队内员工行为的反向影响（Riggio，Challeff & Liipman-Blumen，2008），未来还应采用追踪研究的方式检验谦卑型领导和团队间的双向影响效应。

参考文献

Ambrose，M. L.，Schminke，M. & Mayer，D. M.（2013）. Trickle-down effects of supervisor perceptions of interactional justice：a moderated mediation approach. *Journal of Applied Psychology*，98（4），678-689.

Ames，D. R.，Rose，P. & Anderson，C. P.（2006）. The npi-16 as a short measure of narcissism. *Journal of Research in Personality*，40（4），440-450.

Ancona，D. G. & Caldwell，D. F.（1992）. Demography and design：predictors of new product team performance. *Organization Science*，3（3），321-341.

Andres, H. P. & Shipps, B. P. (2010). Team learning in technology-mediated distributed teams. *Journal of Information Systems Education*, 21 (Summer), 213-221.

Aryee, S., Chen, Z. X., Sun, L. Y. & Debrah, Y. A. (2007). Antecedents and outcomes of abusive supervision: test of a trickle-down model. *Journal of Applied Psychology*, 92 (1), 191-201.

Avolio, B. J. & Gardner, W. L. (2005). Authentic leadership development: Getting to the root of positive forms of leadership. *Leadership Quarterly*, 16 (3), 315-338.

Bandura, A. (1977). *Social learning theory*. Englewood Cliffs, NJ: Prentice-Hall.

Bliese, P. D. (2000). Within-group Agreement, Non-independence, and Reliability: Implications for Data Aggregation and Analysis. In K. J. Klein and S. W. J. Kozlowski (Eds.), *Multilevel Theory, Research and Methods in Organizations* (pp. 349-466). San Francisco, CA: Jossey-Bass.

Bock, G. W., Zmud, R. W., Kim, Y. G. & Lee, J. N. (2005). Behavioral intention formation in knowledge sharing: examining the roles of extrinsic motivators, social-psychological forces, and organizational climate. *MIS Quarterly*, 29 (1), 87-111.

Boselie, P., Van Woerkom, M. & Croon, M. (2009). The relationships between team learning activities and team performance. *Personnel Review*, 38 (5), 560-577.

Brown, A. D. (1997). Narcissism, identity, and legitimacy. *Academy of Management Review*, (22), 643-686.

Brown, M. E. & Treviño, L. K. (2006). Ethical leadership: a review and future directions. *Leadership Quarterly*, 17 (6), 595-616.

Brown, M. E., Treviño, L. K. & Harrison, D. A. (2005). Ethical leadership: a social learning perspective for construct development and testing. *Organizational Behavior & Human Decision Processes*, 97 (2), 117-134.

Bunderson, J. S. & Sutcliffe, K. M. (2003). Management team learning orientation and business unit performance. *Journal of Applied Psychology*, 88 (3), 552-560.

Chatterjee, A. & Hambrick, D. C. (2007). It's all about me: narcissistic chief executive officers and their effects on company strategy and performance. *Administrative Science Quarterly*, 52 (3), 351-386.

Chiu, C., Owens, B. P. & Tesluk, P. E. (2016). Initiating and utilizing shared leadership in teams: The role of leader humility, team proactive personality, and team performance capability. *Journal of Applied Psychology*, 101 (12), 1705-1720.

Collins, J. (2001). Level 5 leadership: The triumph of humility and fierce resolve. *Harvard Business Review*, 79 (1), 67-77.

Davenport, T. H., Jarvenpaa, S. L. & Beers, M. C. (1996). Improving Knowledge Work Processes. *Sloan Management Review*, 37 (4), 53-65.

Davis, D. E., Worthington, E. L. & Hook, J. N. (2010). Humility: Review of measurement strategies and conceptualization as personality judgment. *The Journal of Positive Psychology*, 5 (4), 243-252.

De Luque, M. S., Washburn, N. T., Waldman, D. A. & House, R. J. (2008). Unrequited profit: how stakeholder and economic values relate to subordinates' perceptions of leadership and firm performance. *Administrative Science Quarterly*, 53 (4), 626-654.

Dunphy, D. & Bryant, B. (1996). Teams: panaceas or prescriptions for improved performance. *Human Relations*, (49), 677-99.

Edmondson, A. (1999). Psychological safety and learning behavior in work teams. *Administrative Science Quarterly*, 44 (2), 350-383.

Edmondson, A. (2012). *Teaming: How organizations learn, innovate and compete in the knowledge economy*. Indianapolis: Jossey-Bass.

Ellis, A. P., Hollenbeck, J. R., Ilgen, D. R., Porter, C. O., West, B. J. & Moon, H. (2003). Team learning: collectively connecting the dots. *Journal of Applied Psychology*, 88 (5), 821-835.

Emmons, R. A. (1987). Narcissism: Theory and measurement. *Journal of Personality and Social Psychology*, 52 (1), 11-17.

Emmons, R. A. (1999). The psychology of ultimate concerns. New York: Guilford.

Erdogan, B. & Enders, J. (2007). Support from the top: supervisors' perceived organizational support as a moderator of leader-member exchange to satisfaction and performance relationships. *Journal of Applied Psychology*, 92 (2), 321-330.

Exline, J. J., Campbell, W. K., Baumeister, R . F., Joiner, T. & Krueger, J. (2004). Humility and modesty. In C Peterson, M Seligman (Eds.), *Character strengths and virtues: A handbook and classification* (pp. 461-475). New York: Oxford Press.

Faraj, S. & Sproull, L. (2000). Coordinating expertise in software development teams. *Management Science*, 46 (12), 1554-1568.

Farrell, J. B., Flood, P. C., MacCurtain, S., Hannigan, A., Dawson, J. F. & West, M. A. (2005). CEO Leadership, Top Team Trust and the Combination and Exchange of Information. *Irish Journal of Management*, 26 (1), 22-40.

Festinger, L. (1957). *A theory of cognitive dissonance*. Stanford, CA: Stanford University Press.

Finkelstein, S., Hambrick, D. C. & Cannella, A. A. (2009). *Strategic leadership: theory and research on executives, top management teams, and boards*. Oxford: Oxford University Press.

Galvin, B. M., Waldman, D. A. & Balthazard, P. (2010). Visionary communication qualities as mediators of the relationship between narcissism and attributions of leader charisma. *Personnel Psychology*, 63 (3), 509-537.

Gibson, C. & Vermeulen, F. (2003). A healthy divide: subgroups as a stimulus for team learning behavior. *Administrative Science Quarterly*, 48 (2), 202-239.

Hackman, J. R. & Richard, J. (1987). The design of work teams. In J. Lorsch (Ed.), *Handbook of Organizational Behavior* (pp. 315 - 342). Englewood Cliffs, NJ: Prentice-Hall.

Hofmann, D. A. & Jones, L. M. (2005). Leadership, collective personality, and performance. *Journal of Applied Psychology*, 90: 509-522.

Hon, A. H. Y. & Lu, L. (2016). When will the trickle-down effect of abusive supervision be alleviated? The moderating roles of power distance and traditional cultures. *Cornell Hospitality Quarterly*, (57), 421-433.

Hong, P., Doll, W. J., Nahm, A. Y. & Li, X. (2004). Knowledge Sharing in Integrated Product Development. *European Journal of Innovation Management*, 7 (2), 102-112.

Hoopes, D. G. & Steven, P. (1999). Shared knowledge, "glitches", and product development performance. *Strategic Management Journal*, 20 (9), 837-865.

Huang, T. T., Chen, L. & Stewart, R. A. (2010). The moderating effect of knowledge sharing on the relationship between manufacturing activities and business performance. *Knowledge Management Research & Practice*, 8 (4), 285-306.

Hu, M. L. M., Horng, J. S. & Sun, Y. H. C. (2009). Hospitality teams: knowledge sharing and service innovation performance. *Tourism Management*, 30 (1), 41-50.

James, L. R. (1982). Aggregation Bias in Estimates of Perceptual Agreement. *Journal of Applied Psychology*, 67 (2), 219-229.

James, L. R., Demaree, R. G. & Wolf, G. (1993). An assessment of within-group interrater agreement. *Journal of Applied Psychology*, 78 (2), 306-309.

James, L. R., Hater, J. J., Gent, M. J. & Bruni, J. R. (1978). Psychological climate: implications from cognitive social learning theory and interactional psychology. *Personnel Psychology*, 31 (4), 783-813.

James, L. R., Joyce, W. F. & Slocum, J. W. (1988). Comment: Organizations Do Not Cognize. *Academy of Management Review*, 13 (1), 129-132.

Jones, D. N. & Paulhus, D. L. (2014). Introducing the short Dark Triad (SD3): a brief measure of dark personality traits. *Assessment*, 21 (1), 28-41.

Judge, T. A., Lepine, J. A. & Rich, B. L. (2006). Loving yourself abundantly: relationship of the narcissistic personality to self-and other perceptions of workplace deviance, leadership, and task and contextual performance. *Journal of Applied Psychology*, 91 (4), 762-776.

Klein, K. J., Ziegert, J. C., Knight, A. P. & Xiao, Y. (2006). Dynamic delegation: shared, hierarchical, and deindividualized leadership in extreme action teams. *Administrative Science Quarterly*, 51 (4), 590-621.

Knight, P. A. & Nadel, J. I. (1986). Humility revisited: self-esteem, information search, and policy consistency. *Organizational Behavior & Human De-*

cision Processes, 38 (2), 196-206.

Kogut, B. & Zander, U. (1992). Knowledge of the firm, combinative capabilities, and the replication of technology. *Organization Science*, 3 (3), 383-397.

Law, C. C. H. & Ngai, E. W. T. (2008). An empirical study of the effects of knowledge sharing and learning behaviors on firm performance. *Expert Systems with Applications*, 34 (4), 2342-2349.

Lee, K., Ashton, M. C. & De Vries, R. E. (2005). Predicting workplace delinquency and integrity with the hexaco and five-factor models of personality structure. *Human Performance*, 18 (2), 179-197.

Lee, P., Gillespie, N., Mann, L. & Wearing, A. (2010). Leadership and trust: their effect on knowledge sharing and team performance. *Management Learning*, 41 (4), 473-91.

Liden, R. C., Wayne, S. J., Zhao, H. & Henderson, D. (2008). Servant leadership: development of a multidimensional measure and multi-level assessment. *The Leadership Quarterly*, 19 (2), 161-177.

Ling, Q., Lin, M. & Wu, X. (2016). The trickle-down effect of servant leadership on frontline employee service behaviors and performance: A multilevel study of Chinese hotels. *Tourism Management*, 52, 341-368.

Lorinkova, N. M., Pearsall, M. J. & Sims, H. P. (2013). Examining the differential longitudinal performance of directive versus empowering leadership in teams. *Academy of Management Journal*, 56 (2), 573-596.

Maccoby, M. (2004). Narcissistic leaders: The incredible pros, the inevitable cons. *Harvard Business Review*, 82, 92-101.

Masterson, S. S. (2001). A trickle-down model of organizational justice: relating employees' and customers' perceptions of and reactions to fairness. *Journal of Applied Psychology*, 86 (4), 594-604.

Mayer, D. M., Kuenzi, M., Greenbaum, R. L., Bardes, M. & Salvador, R. O. (2009). How low does ethical leadership flow? Test of a trickle-down model. *Organizational Behavior and Human Decision Processes*, 108 (1), 1-13.

Morf, C. C. & Rhodewalt, F. (2001). Unraveling the paradoxes of narcissism: a dynamic self-regulatory processing model. *Psychological Inquiry*, 12

(4), 177-196.

Morris, J. A., Brotheridge, C. M. & Urbanski, J. C. (2005). Bringing humility to leadership: Antecedents and consequences of leader humility. *Human Relations*, 58 (10), 1323-1350.

Nonaka I. & H. Takeuchi H. (1995). *The Knowledge-creating Company: How Japanese Companies Create the Dynamics of Innovation*. New York, NY: Oxford University Press.

O' Reilly, C. A. I., Caldwell, D. F., Chatman, J. A. & Doerr, B. (2014). The promise and problems of organizational culture: ceo personality, culture, and firm performance. *Group & Organization Management: An International Journal*, 39 (6), 595-625.

Ou, A. Y., Tsui, A. S., Kinicki, A. J., Waldman, D. A., Xiao, Z. & Song, L. J. (2014). Humble Chief Executive Officers' Connections to Top Management Team Integration and Middle Managers' Responses. *Administrative Science Quarterly*, 59 (1), 34-72.

Ou, Y. (2011). *CEO Humility and its relationship with middle manager behaviors and performance: Examining the CEO - middle manager interface*. Phoenix: Arizona State University.

Owens, B. P. & Hekman, D. R. (2016). How does leader humility influence team performance? exploring the mechanisms of contagion and collective promotion focus. *The Academy of Management Journal*, 59 (3), 1088-1111.

Owens, B. P. & Hekman, D. R. (2012). Modeling how to grow: an inductive examination of humble leader behaviors, contingencies, and outcomes. *Academy of Management Journal*, 55 (4), 787-818.

Owens, B. P., Johnson, M. D. & Mitchell, T. R. (2013). Expressed humility in organizations: implications for performance, teams, and leadership. *Organization Science*, 24 (5), 1517-1538.

Owens, B. P., Wallace, A. S. & Waldman, D. A. (2015). Leader narcissism and follower outcomes: The counterbalancing effect of leader humility. *Journal of Applied Psychology*, 100 (4), 1203-1213.

Paulus, P. B. & Yang, H. C. (2000). Idea generation in groups: a basis for creativity in organizations. *Organizational Behavior & Human Decision Proces-*

ses, 82 (1), 76-87.

Politis, J. D. (2001). The relationship of various leadership styles to knowledge management. *Leadership & Organization Development Journal*, 22 (8), 354-364.

Prime, J. & Salib, E. (2014). The best leaders are humble leaders. *Harvard Business Review*, 11 (5), 1-5.

Rego, A., Owens, B. P., Leal, S., Melo, A. I., Cunha, M. P., Goncalves, L. & Ribeiro, P. (2017). How leader humility helps teams to be humbler, psychologically stronger, and more effective: A moderated mediation model. *Leadership Quarterly*, 28 (5), 639-658.

Richards N. (1992). *Humility*. Philadelphia, PA: Temple University Press.

Riggio, R. E., Chaleff, I. & Lipmanblumen, J. (2008). The art of followership: how great followers create great leaders and organizations. *Personnel Psychology*, 62 (3), 636-639.

Rosenthal, S. A. & Pittinsky, T. L. (2006). Narcissistic leadership. *Leadership Quarterly*, 17 (6), 617-633.

Ross, L. & Nisbett, R. E. (2011). *The person and the situation: perspectives of social psychology*. Great Britain: Printer & Martin Ltd.

Salisbury, M. (2001). An Example of Managing the Knowledge Creation Process for a Small Work Group. *Management Learning*, 32 (3), 305-319.

Senge, P. M. (1990). *The Fifth Discipline: The Art and Practice of The Learning Organization*. New York: Currency Doubleday.

Shanock, L. R. & Eisenberger, R. (2006). When supervisors feel supported: Relationships with subordinates' perceived supervisor support, perceived organizational support, and performance. *Journal of Applied Psychology*, 91 (3), 689-695.

Simons, T., Friedman, R., Liu, L. A. & McLean Parks, J. (2007). Racial differences in sensitivity to behavioral integrity: Attitudinal consequences, in-group effects, and "trickle down" among Black and non-Black employees. *Journal of Applied Psychology*, 92 (3), 650-665.

Singh, V., Vinnicombe, S. & James, K. (2013). Constructing a professional identity: how young female managers use role models. *Women in Manage-*

ment Review, 21 (1), 67-81.

Srivastava, A., Bartol, K. M. & Locke, E. A. (2006). Empowering leadership in management teams: effects on knowledge sharing, efficacy, and performance. *Academy of Management Journal*, 49 (6), 1239-1251.

Sveiby, K. (1997). *The New Organization Wealth: Management and Measuring Knowledge-Based Assets*. San Francisco: Berrett-Koehler.

Tangney, J. P. (2002). Humility. In C. R. Snyder & S. J. Lopez (Eds.), *Handbook of positive psychology* (pp. 411-419). Oxford, UK: Oxford University Press.

Tangney, J. P. (2000). Humility: theoretical perspectives, empirical findings and directions for future research. *Journal of Social & Clinical Psychology*, 19 (1), 70-82.

Tepper, B. J., Duffy, M. K., Henle, C. A. & Lambert, L. S. (2006). Procedural injustice, victim precipitation, and abusive supervision. *Personnel Psychology*, 59 (1), 101-123.

Tepper, B. J. & Taylor, E. C. (2003). Relationships among supervisors' and subordinates' procedural justice perceptions and organizational citizenship behaviors. *Academy of Management Journal*, 46 (1), 97-105.

Van Den Hooff, B. & De Ridder, J. A. (2004). Knowledge sharing in context: the influence of organizational commitment, communication climate and cmc use on knowledge sharing. *Journal of Knowledge Management*, 8 (6), 117-130.

Van Offenbeek, M. (2001). Processes and outcomes of team learning. *European Journal of Work & Organizational Psychology*, 10 (3), 303-317.

Vera, D. & Rodriguezlopez, A. (2004). Strategic virtues: humility as a source of competitive advantage. *Organizational Dynamics*, 33 (4), 393-408.

Wang, S. & Noe, R. A. (2010). Knowledge sharing: a review and directions for future research. *Human Resources Management Review*, 20 (2), 115-131.

Weick, K. E. (2000). Emergent change as a universal in organizations. In M. Beer & N. Nohria (Eds.), *Breaking the code of change* (pp. 223-242). Boston, MA: Harvard Business School Press.

Weick, K. E. (2001). *Making Sense of the Organization Volume 2: The Im-*

permanent Organization. Chichester，UK：John Wiley & Sons，Inc.

Williams，H. M.，Parker，S. K. & Turner，N.（2010）. Proactively performing teams：The role of work design，transformational leadership，and team composition. *Journal of Occupational and Organizational Psychology*，83（2），301-324.

Wilson，J. M.，Goodman，P. S. & Cronin，M. A.（2007）. Group learning. *Academy of Management Review*，32（4），1041-1059.

Zellmer-Bruhn，M. & Gibson，C.（2006）. Multinational organization context：implications for team learning and performance. *Academy of Management Journal*，49（3），501-518.

白云涛，王亚刚，席酉民.（2008）. 多层级领导对员工信任、工作绩效及创新行为的影响模式研究. 管理工程学报，22（3），24-29.

曹科岩，陈国梁.（2009）. 变革型领导、知识分享行为与团队绩效关系研究. 科技管理研究，201（11），301-303.

雷星晖，单志汶，苏涛永，杨元飞.（2015）. 谦卑型领导行为对员工创造力的影响研究. 管理科学，（2），115-125.

刘军.（2008）. 管理研究方法原理与应用. 北京：中国人民大学出版社.

陆志娟.（2015）. 谦卑型领导对知识型员工建言行为的影响研究——心理授权的中介作用. 广州：广东财经大学.

罗瑾琏，花常花，钟竞.（2016）. 谦卑型领导对知识员工创造力的影响及作用机制研究：一个被中介的调节模型——基于社会认知的视角. 研究与发展管理，28（4），106-116.

彭娇子，张亚军，肖小虹.（2016）. 谦卑型领导对员工建言的影响机制研究. 领导科学，（23），41-43.

曲庆，何志婵，梅哲群.（2013）. 谦卑领导行为对领导有效性和员工组织认同影响的实证研究. 中国软科学，（7），101-109.

唐汉瑛，龙立荣，周如意.（2015）. 谦卑领导行为与下属工作投入：有中介的调节模型. 管理科学，28（3），77-89.

王碧英，杜欠欠.（2016）. 谦卑型领导的研究述评与未来展望. 中国人力资源开发，（13），28-36.

王艳子，白玲，罗瑾琏.（2016）. 谦卑型领导对研发人员创造力的影响机理研究. 外国经济与管理，38（10），76-88.

席西民. (2006). 和谐管理理论研究. 西安：西安交通大学出版社.

徐小凤，高日光. (2016). 谦卑型领导的前因与结果：人格与组织政治知觉的作用. 中国人力资源开发，(13)，22-27.

叶龙，王蕊. (2016). 谦卑与领导有效性：变革型领导的中介作用. 经济与管理研究，37 (9)，96-104.

袁凌，易麒，韩进. (2016). 谦卑型领导对下属沉默行为的影响机制研究. 软科学，30 (11)，96-100.

张军成. (2016). 谦卑型领导对员工建言行为的影响：心理安全感与主动型人格的作用. 商业经济与管理，(11)，25-33.

朱健，李颖凤. (2017). 谦卑型领导对建言行为的影响研究——基于员工对上级信任的中介作用. 湖南财政经济学院学报，(2)，99-107.